北京联合大学"北京市工商管理高精尖学科"建设项目资助

资本市场对产业结构调整的影响研究

程　翔◎著

RESEARCH ON THE INFLUENCE OF
CAPITAL MARKET ON
INDUSTRIAL STRUCTURE ADJUSTMENT

经济管理出版社
ECONOMY & MANAGEMENT PUBLISHING HOUSE

图书在版编目（CIP）数据

资本市场对产业结构调整的影响研究 / 程翔著 .—北京：经济管理出版社，2022.11

ISBN 978-7-5096-8814-4

Ⅰ . ①资… Ⅱ .①程… Ⅲ .①资本市场—影响—产业结构调整—研究—中国 Ⅳ .① F121.3

中国版本图书馆 CIP 数据核字（2022）第 215053 号

责任编辑：胡　茜

助理编辑：姜玉满

责任印制：任爱清

责任校对：陈晓霞

出版发行：经济管理出版社

　　　　　（北京市海淀区北蜂窝 8 号中雅大厦 A 座 11 层　　100038）

网　　址：www.E-mp.com.cn

电　　话：（010）51915602

印　　刷：唐山玺诚印务有限公司

经　　销：新华书店

开　　本：710mm×1000mm/16

印　　张：11.25

字　　数：185 千字

版　　次：2023 年 2 月第 1 版　2023 年 2 月第 1 次印刷

书　　号：ISBN 978-7-5096-8814-4

定　　价：78.00 元

前　言

　　产业结构问题一直以来是我国社会经济领域的重要矛盾和关注焦点。我国经济已由高速增长阶段转向高质量发展阶段，转变发展方式、优化经济结构、转换增长动力是当前我国经济产业发展的主攻方向。金融体系通过资本形成与导向机制、风险分散与转移机制、激励约束机制等引导金融资源由盈余部门向短缺部门流动，这一资金供需双方间的链接与路径也影响着宏观经济运行和微观企业的行为变化，发挥着对产业结构调整的引导带动作用。资本市场是金融体系的重要组成部分，经过30年的发展我国已初步建立起由主板、中小板、创业板、"新三板"及区域性股权交易市场组成的多层次资本市场，成为全球第二大资本市场。然而资本市场对实体经济的支持力度和效度还远远不够，区域间资本市场的发展尚不平衡，并未充分发挥其市场定价、资源配置、风险管理等功能优势。推动资本市场与产业结构调整的良性互动发展，使资本市场层次划分更能适应经济新常态下产业发展的需要，扩大资本市场服务的覆盖面和可获得性，对于解决我国的融资矛盾问题至关重要。

　　产业结构在供求因素、技术因素、资本因素、区位因素、政策因素等的共同驱动下不断进行调整，金融资本的配置结构对整个产业的配置结构具有决定性意义；从逻辑层面来看，资本市场通过甄别机制、匹配机制、耦合机制、激励约束机制影响产业结构调整，资本市场的成熟程度和开放程度是资本市场影响产业结构优化的必要实现条件。

　　本书将产业结构调整的评价维度拓展为产业结构调整合理化、高级化、国际化、普惠性，并构建由4个维度、14个指标组成的产业结构调整评价指标体系，综合运用层次分析法和熵权法进行评价指标权重的主客观赋权，在融入时间因素的基础上设计了一个能够反映区域产业结构整体发展水平的多变量综合评价方法，研究发现：我国省域产业结构发展水平差异悬殊，但是呈现出省际差异逐年缩小的态势。另外，2004~2016年我国省域产业结构指数呈现明显的"东部居高、中部居中、西部较低"的区域差异特征；在产业结构调整合理化、高级化、国际化、普惠性等维度上不同省份间呈现出较大的发展差异。

本书使用主板、中小板、创业板三个市场1745家企业的数据，设计投入产出指标，运用三阶段SBM模型将环境等随机因素剔除后发现，资本市场各个产业的融资效率均有所改善，沪深主板市场的行业平均融资效率增长幅度高于中小板及创业板市场。第三产业的大部分行业在各个市场的融资效率较高，但年度间的波动受经济周期的影响比较剧烈；各个市场间的全要素融资效率随时间推移呈现出同增同涨的态势，市场间的融资效率差距很小，以沪市和深市为代表的主板市场的总体表现好于中小板和创业板市场；地区间资本市场融资效率在剔除环境因素影响后明显改善，地区间融资效率的差异明显缩小；主板市场融资效率的增长幅度高于中小板市场，创业板融资效率地区间的差异在所有市场中最为明显。

市场化改革弱化了行政区划上的障碍，各个地区产业结构和资本市场发展在地理上存在空间依赖性（空间自相关）和溢出效应，所以从省域层面考察资本市场对产业结构调整的影响时，须考虑各省域在空间上的关联。本书采用探索性空间信息系统印证了我国省域间产业结构调整的空间相关性，设置空间邻接权重矩阵和经济距离权重矩阵，选择合适的空间计量模型分别从资本市场发展水平和资本市场融资效率两个方面对产业结构调整的影响进行实证分析。结果表明，我国省域产业结构调整存在着空间正相关性，省域之间存在正的溢出效应；资本市场发展水平对产业结构调整具有显著的正向效应；资本市场融资效率对产业结构的调整同样具有显著的正向效应。省域间资本市场发展水平和资本市场融资效率通过空间机制对产业结构调整发挥了促进作用，周边省域资本市场发展水平和融资效率均对本省产业结构的改善存在空间溢出效应。

针对上述研究结论，本书对未来中国资本市场促进产业结构调整提出建议和对策，应在贯彻落实新发展理念、深化资本市场供给侧结构性改革等方面，坚持市场化、法治化方向，为实体经济发展和满足人民群众需要提供更高质量、更有效率的金融服务，因地制宜地在实现资本市场对区域经济产业结构的精准服务等方面精心谋划，将省域间的空间相互效应纳入资本市场和产业结构调整的差距分析与政策制定过程中，更好地发挥资本市场对产业结构调整在省域间的辐射作用。

目　录

第一章　导论

第二章　国内外文献综述

第三章　资本市场影响产业结构调整的现实与逻辑

第四章　中国产业结构调整水平评价

第五章　资本市场发展水平对产业结构调整的影响

第六章　资本市场融资效率对产业结构调整的影响

第七章　结论、政策建议及研究展望

参考文献

后　记

第一章 导论

第一节 选题背景与研究意义

一、选题背景

产业结构问题一直以来是我国社会经济领域的重要矛盾和关注焦点。构建合理有效的产业结构，有利于促进资源的有效供给与配置，使"结构红利"推动经济持续增长。经过 40 多年的改革开放，我国国内生产总值（GDP）从 1978 年的 0.37 万亿元猛增到 2022 年的 121.02 万亿元；我国国际经济地位不断提升，国内生产总值自 2010 年超越日本以来一直稳居世界第二位；根据世界银行测算，2017 年中国对世界经济增长的贡献率达到 34.7%，拉动世界经济增长 0.8 个百分点，成为世界经济增长的第一引擎。党的十八大以来，转变发展方式、优化经济结构、转换增长动力成为我国经济发展的主攻方向，全球产业中不断涌现的新技术、新业态和新模式为我国加快产业结构转型升级提出了新挑战。党的二十大报告强调，高质量发展已成为全面建设社会主义现代化国家的首要任务，要推进新型工业化，推动制造业高端化、智能化、绿色化发展；推动战略性新兴产业融合集群发展；构建优质高效的服务业新体系，推动现代服务业与先进制造业、现代农业深度融合。加快我国产业结构转型升级对构建新发展格局、推动经济社会高质量发展意义重大。

回顾西方发达国家产业调整和发展历程不难发现，无论是提升产业产出效率还是优化产业结构，都与金融体系以及金融机构的有效支持密不可分。金融体系通过资本形成与导向机制、风险分散与转移机制、激励约束机制等引导金融资源由盈余部门向短缺部门流动，这一资金供需双方间的链接与路径也影响着宏观经济运行和微观企业的行为变化，发挥着对产业结构调整的带动作用。

资本市场是金融体系的重要组成部分，经过 30 年的发展我国已初步建立起由主板、中小板、创业板、"新三板"及区域性股权交易市场组成的多层次资本市场，截至 2018 年末，沪深交易所上市公司接近 3800 家，沪深交易所总市值累计逾 43 万亿元，已成为全球第二大 A 股市场；"新三板"挂牌公司数量为 10691 家，全年实现融资额 604.43 亿元；区域股权市场 35 个，实现包括股权融资、股权质押、债权债券在内的各类融资超过 1 万亿元。不过还应看到我国资本市场虽已有一定的规模和发展基础，但对实体经济支持力度和效度还远远不够，没有充分发挥其市场定价、资源配置、风险管理等功能优势。数据表明，目前企业固定资产投入的资金来源中，自筹资金的比例已经从 2005 年的 50% 提高到 2017 年的 65%，超过 40 万亿元，传统的银行贷款对经济增长的边际贡献率在持续下降。变化更大的是企业的自有资金已不再是自筹资金的主要来源，经济普查显示，企业自筹资金中仅有 30% 是其自有资金，这意味着企业需要通过金融市场筹集的资金规模达到近 30 万亿元，而这其中很大比例需要通过直接融资市场来满足。党的二十大报告中明确指出，要"健全资本市场功能，提高直接融资比重"。如何完善资金的市场基础定价机制，如何加大资金对产业结构的扶持与带动作用，如何通过构建更加有效的多层次资本市场来促进经济结构调整都是亟待解决的问题。

从宏观来看，以科技创新为引领的全球新一轮产业革命方兴未艾，科技与社会的深度融合与渗透将成为未来人类社会发展的主导力量。我国的支柱产业将由传统产业转向新兴产业、高端制造业，在新一代通信网络、物联网、高性能集成电路、云计算、人工智能等领域实现赶超必然要靠金融服务尤其是资本市场的全面配合和支持。从中观来看，我国省域间的经济发展并不平衡，这种失衡充分体现在发达地区和落后地区的产业结构和资本市场方面。从微观来看，一、二、三产业企业通过资本市场融资的比例悬殊，表现在不同行业上市公司的融资效率各异，那么充分把握我国省域产业结构和资本市场现状，洞悉资本市场与产业结构间的关联、互动机制，探寻省域间产业结构与资本市场间是否存在溢出效应，甄别行业间融资效率差异的影响将为发展我国多层次资本市场，提升产业结构调整质量提供必要的经验和理论证据。

二、研究意义

资本市场能否发挥经济资源配置的核心作用、能否为产业结构调整提供资金支持进而成为拉动实体经济的有效引擎，一直以来都是理论界与实务界共同关注的重大问题。

从理论层面看，金融发展与产业结构调整研究自20世纪中叶就已经展开，比较一致的观点是金融体系的有效支持不仅能够协调产业间的比例，提升产出效益，还能从资金增量和存量两个方面共同发力。国内外围绕金融对产业结构调整的研究主要有以下特点：第一，国外的研究重点集中于金融发展与产业结构调整的关系，但围绕资本市场对产业结构调整影响的研究并不多见，且比较分散。第二，我国金融发展与产业升级关系的研究受到国内学者近年来的广泛关注，纷纷拓展了研究的视角，但是鉴于问题的复杂性，研究的广度和深度还需进一步加强，尤其是在产业结构和资本市场发展度量方面。第三，国内学者多从我国整体或大经济区域层面分析金融发展对产业结构升级的影响，而从地理经济的角度来研究资本市场与产业结构空间联系尚属空白。第四，国内外学者多从单一产业入手分析资本市场对产业升级的影响，尚未有从多个市场进行全产业、全行业的全景分析。基于以上，本书试图从理论层面阐释资本市场对产业结构调整影响的内在逻辑，运用空间计量的方法对其的空间相关性以及溢出效应进行实证检验，力争用我国微观和中宏观的数据为产业结构调整领域的研究提供一些有价值的线索。

从现实层面看，中国经济已步入速度、结构、动力均发生改变的新常态，大力进行技术创新，发展高新技术产业，进行产业结构调整是我国应对国内外经济政治环境改变的必然之路。然而现在资本市场低迷，不能更好地服务产业结构调整和实体经济成为我国当前亟待解决的现实矛盾。推动资本市场与产业结构调整的良性互动发展，使资本市场层次划分更能适应新常态中产业发展的需要，扩大资本市场服务的覆盖面和可获得性，对于解决我国的融资矛盾问题至关重要。本书在进行资本市场、产业结构调整指数测算时，力求全面深入发现存在的问题，并运用地理信息系统进行直观展示，空间计量方法的运用使区域间的溢出效应更加明确；而从微观层面对资本市场融资效率的分析更能够为产业精准布局提供有益的参考；研究的相关成果将为政府推进资本市场发展，加快产业结构调整提供现实支撑和理论依据。

第二节　概念界定、研究对象与研究内容

一、概念界定

1. 产业结构调整

产业是介于宏观经济与微观经济之间的经济单位，属于中观范畴。它既是国民经济的组成部分，又是同类企业的集合。随着社会分工主导形式的转换和多层次发展，"产业"一词的内涵也得到了逐步完善。回顾西方经典的经济理论，在 William Petty 的《政治算术》中有关于产业划分和产业结构的雏形，他通过对比不同产业的收入水平，发现商业收入最高，工业次之，农业最低，从而揭示出不同产业收入差异的规律。Fisher（1935）最早进行了三次产业的界定。英国著名经济学家 Clark（1940）对 Fisher 的理论进行了拓展，将三次产业界定为：产品直接取自自然界的产业部门为第一产业，能够对初级产品进行再加工的产业部门为第二产业，那些为了满足生产和消费的产业部门为第三产业。

从产业部门划分来看，各国的划分范围不尽相同，依据我国国家统计局对三次产业的划分规定：第一产业是指农、林、牧、渔业（不含农、林、牧、渔服务业）；第二产业是指采矿业（不含开采辅助活动），制造业（不含金属制品、机械和设备修理业），电力、热力、燃气及水生产和供应业，建筑业；第三产业即服务业，是指除第一产业、第二产业以外的其他行业。第三产业包括批发和零售业，交通运输、仓储和邮政业，住宿和餐饮业，信息传输、软件和信息技术服务业，金融业，房地产业，租赁和商务服务业，科学研究和技术服务业，水利、环境和公共设施管理业，居民服务、修理和其他服务业，教育，卫生和社会工作，文化、体育和娱乐业，公共管理、社会保障和社会组织，国际组织，以及农、林、牧、渔业中的农、林、牧、渔服务业，采矿业中的开采辅助活动，制造业中的金属制品、机械和设备修理业等行业。

产业结构调整是指产业之间的数量比例关系、经济技术联系和相互作用关系的变动调整过程，它动态地揭示产业间技术经济联系与方式不断发

生变化的趋势，揭示国民经济各部门中起主导或支柱地位的产业部门不断替代的规律及其相应的"结构"效益。产业结构调整的结果表现为产业结构优化与升级，其实质是产业结构由低级阶段向高级阶段动态演变的过程，主要表现为三个方面：第一，产业部门数量增多，产业间关联度更加复杂；第二，产业技术水平提升，技术密集型产业将占据重要地位；第三，产业之间耦合关系更加紧密。

产业结构调整在不同地区、不同时点呈现出不同的特征，Clark、Kuznets和Hoffmann等对产业结构演变规律进行过经典描述。Clark（1940）在研究英国经济数据时发现第一产业所吸纳的劳动力比重呈现出递减态势，而其他产业尤其是第三产业的劳动力比重不断增加。他给出的解释是随着收入的增加，人们的消费需求从农业产品转向工业产品和服务业产品，从而导致产业结构的变化。Kuznets（1957）在Clark研究的基础上，围绕劳动力在三大产业间的转移进行研究时发现，农业部门的劳动力及收入水平将会下降，而工业和服务业的劳动力比重处于上升趋势，服务业在吸纳劳动力方面具有明显优势。霍夫曼（1980）对工业化规律尤其是重工业化问题进行了详细阐述，通过设计Hoffmann系数界定了工业化的不同阶段，并指出一个国家或者地区Hoffmann系数持续下降，表征该国或者地区工业结构在不断发生改变。波特（2002）指出，当资本相对于劳动和其他资源变得更加丰裕时，发展资本和技术密集型产业更具有比较优势。Humphrey和Schmitz（2002）认为，首先是产品生产的制作工艺升级使得产品质量升级，进而产品的功能也随之升级，最后使整个产品链条的结构升级。产业结构升级具体表现为从低附加值产业向高附加值产业转型，由劳动密集型产业向技术密集型、资本密集型产业转变，由低劳动生产率产业向高劳动生产率产业转变的动态调整过程。

2. 资本市场

国内外学界与实务界对"资本市场"尚无统一的界定：世界银行的报告中常将其等同于证券市场，国际货币基金组织将衍生工具市场纳入其范畴。Stiglitz和Weiss（1981）认为资本市场就是取得和转让资金的场所，应当包括所有涉及借贷的机构，而詹姆斯·范霍恩和约翰·瓦霍维奇（1998）将资本市场定义为一年期以上的金融工具交易场所。郭元晞（2003）则将资本市场视为一个涵盖货币资本市场、债务市场、产权交易市场、证券市场、投资基金市场和一部分生产要素市场等在内的体系，这些市场资本的表现形态、市场主体、市场行为不同，但其实质都是以资本增值为目的的资本运行。

经典教科书大都将资本市场定义为期限为一年以上的资本融通活动的总和，包括期限在一年以上的银行中长期信贷市场、证券市场和风险投资市场。这样划分的主要依据是只有在长期（一年以上）的资本融通活动中，资本才能被用于固定资产投资，以发挥其生产要素的功能。

事实上学者们常根据研究的具体需要，运用不同类型的资本市场数据从不同角度对资本市场进行阐释。故本书将参照我国学者在权威期刊中的常用做法，俞乔（1994）、陆蓉等（2017）、石阳等（2019）以股票市场为切入点和代表研究我国资本市场的发展情况，通过研究多层次资本市场体系重要组成部分的主板、中小板、创业板市场对实体经济及产业结构调整过程中发挥的作用和影响，以期发现我国资本市场（此处仅特指股票市场）存在的问题和不足，同时也对科创板提供一些有益的学术参考。

二、研究对象

本书聚焦于资本市场对产业结构调整的影响，从资本市场发展水平与融资效率两个层面，运用经济地理与空间计量的方法研究其对产业结构调整的空间影响效应。通过本书的研究，尝试回答如下三个问题：第一，产业结构调整如何评价与度量？第二，省域产业结构调整与资本市场发展是否存在空间相关性？第三，资本市场（发展水平与融资效率）对产业结构调整的空间影响效应如何？

三、研究内容

本书拟研究的主要内容包括以下七章：

第一章，导论。开篇明义，阐述本书研究的背景与意义，介绍本书的研究对象、研究方法以及研究思路。阐明本书的结构框架以及内容间的逻辑关联，总结创新点和未来需要改进的方向。

第二章，国内外文献综述。对产业结构调整理论的发展脉络进行梳理，围绕产业结构调整的测度、产业结构调整的影响因素、金融影响产业结构调整、资本市场影响产业结构调整四个方面评述了国内外文献的研究进展，发现本书的研究空间与可能的创新。

第三章，资本市场影响产业结构调整的现实与逻辑。从现实层面分析中国产业结构调整特征与存在的问题，发现产业结构调整的驱动因素；从市场层次和市场制度层面分析中国资本市场的发展态势；从逻辑层面分析资本市场影响产业结构调整的作用机制与必要实现条件。

第四章，中国产业结构调整水平评价。在产业结构调整合理化、高级化的基础上，拓展出产业结构调整的国际化和普惠性，并依据此构建由 4 个维度、14 个指标组成的产业结构调整水平评价指标体系，采用主客观结合的权重设置方法，融入时间因素设计能够反映区域产业结构调整水平的多变量综合评价方法，对收集到的 2004~2016 年的数据进行测算，得出近年来中国及各省产业结构调整指数，借此分析中国及各地区产业结构调整水平的趋势与差异。

第五章，资本市场发展水平对产业结构调整的影响。运用空间计量理论与模型揭示资本市场发展水平对产业结构的影响过程。从资本市场规模、资本市场结构、资本市场流动性、上市公司、中介机构、投资者六个方面设计指标体系，运用层次分析法设定指标权重，测算全国和省域的资本市场发展指数。使用全局莫兰指数、局部莫兰指数以及冷热点分析检验其空间相关性，设置空间邻接权重矩阵和经济距离矩阵，选择合适的空间计量模型（空间滞后模型 SLM、空间误差模型 SEM 或空间杜宾模型 SDM）从省域层面考察资本市场发展水平对产业结构调整的空间影响。

第六章，资本市场融资效率对产业结构调整的影响。使用从主板、中小板、创业板收集到的 19 个行业 1745 家上市企业的财务数据，设计包含环境变量在内的投入产出指标，运用三阶段 SBM 模型、Malmquist 指数方法测算样本企业的融资效率，经过分类得到不同产业、不同行业、不同地区资本市场的融资效率。设置空间邻接权重矩阵和经济距离矩阵，选择合适的空间计量模型（空间滞后模型 SLM、空间误差模型 SEM 或空间杜宾模型 SDM）从省域层面考察资本市场融资效率对产业结构调整的空间影响。

第七章，结论、政策建议及研究展望。总结全书的研究结论，从贯彻落实新发展理念、深化资本市场供给侧结构性改革、完善资本市场基础制度、构建多层次资本市场等方面为实体经济发展和满足人民群众需要提供更高质量、更有效率的金融服务，因地制宜实现资本市场对区域经济产业结构调整的精准服务等方面提出政策建议。

第三节　研究方法与研究思路

一、研究方法

本书提出了资本市场与产业结构调整的关联框架，秉持科学性、适用性的原则设计研究思路与方法，使跨学科、多领域的研究方法在本书中得以使用：

（1）定性分析。本书将经济地理学理论与传统的金融发展理论、产业调整理论相融合，借鉴国内外研究的相关成果，定性描述和分析资本市场影响产业结构调整的现实与逻辑。

（2）比较分析。综合运用纵向比较与横向比较，既包括历史比较，即从时间维度上描述不同时期产业结构调整和资本市场的历史变迁，探索其发展的动因与规律；又包括横向比较 —— 不同产业间的发展水平比较、不同区域间的产业结构调整和资本市场运行比较以及不同产业资本市场融资效率的比较。

（3）综合评价与数理建模。为了能更为客观与科学地衡量省域间的产业结构调整水平和资本市场发展水平，本书采用多变量综合评价法，多指标多维度确定指标分类与权重，力求精确衡量产业结构调整和资本市场发展的综合指数。

（4）实证研究。使用多种实证方法进行计量分析。使用前沿的融资效率分析方法即三阶段 SBM 模型、Malmquist 指数方法，通过大样本分析研究不同产业上市公司的融资效率。使用全局莫兰指数、局部莫兰指数散点图以及冷热点分析产业结构调整的空间相关性，设计地理特征和经济特征的空间权重矩阵，使用空间计量模型（空间滞后模型、空间误差模型、空间杜宾模型等）考察省域层面资本市场对产业结构调整的影响。

二、研究思路

根据本书研究的主要内容，拟遵循以下研究思路（技术路线），如图 1-1 所示。

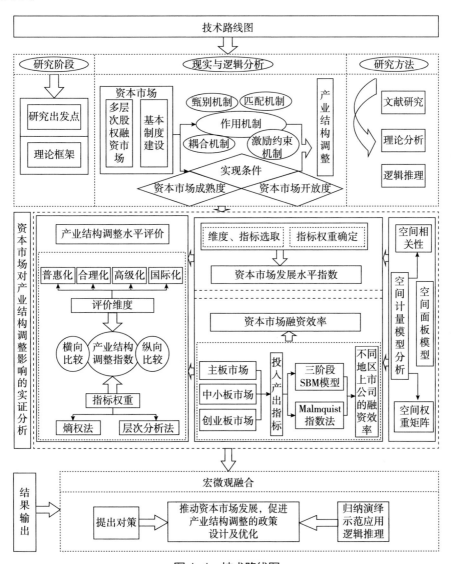

图 1-1　技术路线图

第四节　本书的创新与不足之处

一、创新之处

第一，融合新发展理念拓展了产业结构调整评价的维度。以往研究设计的产业结构评价指标不能够完全反映经济新常态对产业结构调整提出的新要求，且鲜有针对我国省域间产业结构调整的系统评价。在产业结构调整水平测算方面，无论是信息熵、行业分工指数还是偏离度都不能反映多指标条件下对产业结构调整的综合判断。本书拓展了产业结构调整评价的维度，将国际化、普惠性纳入其中，依据此构建由4个维度、14个指标组成的产业结构调整水平指标体系，将主客观的权重选择方法加权考虑，在融入时间因素的基础上设计了一个能够反映区域产业结构整体发展水平多变量综合评价方法，对收集到的2004~2016年的数据进行测算，得出近年来我国及省域产业结构调整指数，并将该指数从上述四个维度分别进行分析，拓展了对我国产业结构调整的研究空间。

第二，基于微观数据的资本市场效率研究深化了对我国资本市场影响产业结构调整的认识。现有的研究多是从宏观角度分析资本市场的发展，缺乏微观角度的研究与成果。本书研究选取主板、中小板、创业板市场中三大产业、19个行业的1745家上市企业的财务数据，设计投入产出指标体系，运用三阶段SBM模型、Malmquist指数方法系统考察作为资本市场微观个体的上市公司的融资效率。从市场（主板、中小板、创业板）、地区、行业等不同维度对该微观数据进行归类分析，力求实现对我国资本市场融资效率的深入剖析。

第三，引入空间计量分析丰富了资本市场对产业结构调整影响的内容和层次。根据新地理经济学的观点，经济活动的空间共享性、外溢性和扩散性使传统经济理论的假设更加困难，所以本书在研究资本市场对产业结构调整的影响时必须要充分将空间因素考虑在内。本书采用探索性空间信息系统印证了我国省域间产业结构调整的空间相关性，设置空间邻接权重矩阵和经济距离权重矩阵，选择合适的空间计量模型，分别从资本市场发展水平和资本市场融资效率两个方面对产业结构调整的影响进行实证分析，为研究资本市场对产业结构的影响提供了新的思路和方法。

二、不足之处

第一，空间权重矩阵的运用不够丰富。空间权重矩阵用来衡量研究对象间的空间关联性，是空间计量模型的关键，也是省域间空间影响方式的体现。不同的空间权重矩阵可能对省域层面资本市场与产业结构调整的关系估计结果影响不同。由于研究时间和积累有限，本书的研究仅采用空间邻接权重矩阵和经济距离权重矩阵两种矩阵来分别刻画相邻空间单元之间以及经济因素所带来的关联程度，这种静态空间权重矩阵忽略了动态区域特征如人口迁徙、知识传播等也会对区域产业结构调整产生影响。因此，未来应继续拓展考察其他空间权重矩阵（如反距离空间权重矩阵、引力模型空间权重矩阵、嵌套空间权重矩阵）下，省域层面资本市场对产业结构调整的影响，从而得到更加丰富的研究结果。

第二，克服空间计量中内生性的手段不够先进。针对资本市场发展水平、资本市场融资效率与产业结构调整之间存在交互影响产生的内生性问题，本书对核心解释变量分别采用资本市场发展水平滞后一期（L.CMDI）和资本市场融资效率滞后一期（L.FECM）的数据进行替代分析，试图解决本书研究中的内生性问题。然而，在普通面板模型中，工具变量以及广义矩估计 GMM 被认为是用来克服传统极大似然估计方法在异方差和矩阵标准化方面的最佳方法。由于笔者学识所限，尚未能将该方法应用于对空间面板模型的内生性处理中，未来将探索广义矩估计 GMM 法与空间面板模型的融合以更好地解决空间面板模型中解释变量和被解释变量之间的内生性问题。

第二章　国内外文献综述

本章首先回顾了产业结构调整的研究脉络，接着围绕产业结构调整的测度、产业结构调整的影响因素、金融影响产业结构调整、资本市场影响产业结构调整四个部分进行系统的梳理，在对现有研究成果做出评述的基础上发现本书可能的学术创新空间。

第一节　产业结构调整的研究脉络

一、早期研究

17 世纪，威廉·配第（William Petty）在他的著作《政治算术》中描述并发现了商业、工业、农业的收入依次递减，而收入水平的不同会导致劳动力流向呈现从农业向工业，又由工业向商业的规律。

费歇尔（Fisher）于 20 世纪 30 年代确立了现代结构理论中三次产业分类法，将产业分为第一次产业、第二次产业、第三次产业，三次产业结构分类法对现代产业结构理论影响深远，但是并未揭示三次产业间的规律。

日本学者赤松要（1935）提出的雁行形态理论指出，后进国在工业发展的过程中依次经历"进口、生产和出口"三个发展时期，即工业品先历经进口阶段，然后过渡到国内生产（进口替代）阶段，最后过渡到出口阶段。该理论的引申形态有两种：一种表现为由国内消费品的进口、生产和出口，然后过渡到资本品进口、生产和出口；另一种表现为某一产品由进口到生产再到出口的三组动态演化，依次在国与国之间传导。后来学者们研究雁行理论后发现，投资国将本国处于比较劣势的边际产业依次转移到被投资国，从而达到本国的产业结构优化升级的目的。

克拉克（Colin Clark）通过对比 40 多个国家和地区在不同时期三次产业的劳动投入与产出后揭示出，各产业之间的劳动力所占比重呈现第一产业变小，第二、第三产业变大的规律，这就是后来的配第—克拉克定理。但是，他的研究由于受历史条件和技术条件的限制，只能粗略地揭示产业结构演变的基本趋向，并不具有典型意义。

库兹涅茨（Kuznets）改善了克拉克的研究方法，通过对比国民收入和劳动力在各个产业间的分布来分析产业结构变化的演进过程，最终得出两个结论：第一，随着经济的增长，第一产业在国民收入中所占比重逐渐下降，而第二产业在国民收入中所占比重逐渐上升，第三产业在国民收入中所占比重可能上升或保持不变；第二，在劳动力相对比重中，第一产业所占比重下降，第二、第三产业所占比重有可能上升也有可能下降。这意味着库兹涅茨的研究从广度和深度上将配第—克拉克定理进行了拓展和丰富。

篠原三代平（1990）提出了收入弹性原则和生产率上升原则，用以规划未来产业结构。其中，收入弹性原则是指在规划未来产业结构时应该将收入弹性高的产业作为优先发展的产业，因为该类产业前景广阔且发展潜力大。生产率上升原则是指将生产率上升较快的产业作为优先发展的产业，因为该类产业技术进步速度较快，并且将在产业结构中占有更大的比重。这两个原则后来成为日本政府制定产业结构调整政策的基础，标志着产业结构调整的理论基本形成。

Hirschman（1958）认为在资源稀缺、企业领袖缺乏的条件下，经济不可能平衡增长，因此在资源、资本、人力有限的条件下，政府应该重点发展某一产业并由此带动其他产业发展。同时，政府产业投资政策的不均衡也会使相关产业需求与供给不均衡。

Walt Whitman Rostow（1960）将经济社会的发展过程分为六个阶段，各个阶段都存在一些部门或产业可以带动其他产业发展，也正是这些产业促使了经济发展以及部门的依次变化，从而促使产业结构发生变动。罗斯托对产业结构调整或变动的研究为产业结构调整的研究奠定了坚实的理论基础。

日本经济学家大川一司（1963）的研究并不支持库兹涅茨的观点。他认为除了个别农业劳动生产率较为突出的高国民收入国家外，发达国家和不发达国家之间在农业同工业、服务业的比较劳动生产率上的差距，事实上并没有那么大，而是呈现"U"形现象，即当人均国民收入从低等向中等水平过渡时，农业比较劳动生产率是下降的，而当收入水平较高时，比较劳动生产率才出现逐渐上升情况。

Fritz Machlup（1962）对产业结构划分进行了重新分类，即四次产业分类法。他通过对信息业在国民经济中的地位和结构比例分析，提出把信息业从原有三次产业中分离出来作为第四次产业。这一产业结构分类法得到了许多业界内人的认可。美国学者 Marc U Porat（1977）在研究中利用了Machlup 的四次产业分类法，通过对美国信息经济的研究分析后，发现美国第四产业即信息业的就业人口比重显著上升，标志着人类进入信息化阶段。

二、近现代研究

日本经济学家宫崎勇（1987）对"经济服务化"现象进行了系统的研究，认为以前的三次产业分类法已经不再适合经济发展出现的新形式，因此他对三大产业进行了新的分类。他提出的新的三次产业分类法是将以前的第一、第二次产业划归为物质生产部门，包括农林牧水产业、矿业、制造业、建筑业等行业，而将原来的第三次产业分成两个部门，一个是网络部门，另一个是知识和服务部门。网络部门包括运输、通信、商业、金融、保险、不动产以及电力、煤气、供水等产业，主要是对物、人、资金、信息进行流通和中介的部门；而医疗、健康服务、教育服务、娱乐服务、家务服务、公共服务等部门被纳入知识和服务部门中。

钱纳里和赛尔昆（1988）对库兹涅茨的研究进行了拓展，提出了著名的"发展型式"理论。两作者在所提出的基本假设的基础上，从大量观察值中选择了 10 个基本经济过程、27 个变量来描述国家基本特征；将收入水平和人口数据构造成"发展型式"；为使分析结果更适用于各国的经济过程，进一步使用了几个基本的回归方程对"发展型式"做出具有一般意义的"标准结构"。根据他们所构建的"发展型式"理论，当人均国民生产总值在100~1000 美元时，产业结构的变化程度为 75%~80%，产业结构中的资源配置将发生显著变化。钱纳里和赛尔昆的标准结构揭示了产业结构变动的总趋向，推动和丰富了产业结构理论。

后来的学者对日本产业结构的研究发现，日本产业结构的变动对经济的增长都产生了积极的影响。如 Sonobe 和 Otsuka（2001）通过对日本劳动生产率的分解研究，发现日本产业结构的变动促进了其经济的增长。Martin

Zagler（2009）对产业结构调整理论进行了拓展，构建了一个包含失业与产业结构变更因素的内生经济增长模型，结论是产业结构调整的过程中会产生积极的影响也会带来消极的影响，即伴随而来的高失业率现象。

综上所述，产业结构调整早期的研究主要围绕三次产业分类、产业间的转移与递进规律、产业政策等展开。到了近现代，产业结构调整的分类有了新的进展，产业结构调整的国别差异、地区差异及其成因是学者们关注的重点。对产业结构理论的演进进行梳理，为本书后续研究奠定了基础。

第二节 产业结构调整的测度

一、评价指标体系

构建一套合理的评价指标体系，对于深入研究刻画产业结构调整水平具有重要的意义，为此，国内学者进行了大量深入的研究。

学者们对产业结构调整的理解不同，其设计的指标体系分类也不同。胡昌铸（1989）提出产业结构可以通过社会经济效果来衡量，主要有产业结构分析指标、产业结构效益单项评价指标、综合效益评价指标等。程如轩和卢二坡（2001）对产业结构优化的原则进行了探讨，从产业结构高级化方面提出了产业结构优化的测度指标。马涛等（2004）在对产业结构升级的规律性进行统计分析的基础上，结合新兴工业化条件下区域结构升级的特点，建立了包含产业结构高级化程度、可持续发展产业、空间区位状况等 7 个方面的指标群对产业的优化升级状况进行测度。宋国宇和刘文宗（2005）认为产业结构优化最终目标是实现资源的合理配置，由此构建了产业结构优化模型，并就产业结构优化效果建立了包含产业结构高级化、合理化、关联程度、可持续发展等的多个测度指标群。雷怀英（2009）构建了包含产值结构、工业结构、智能密集度、加工程度、产业集中度等 7 个方面的产业结构竞争力测度指标。李丽（2009）构建了包含产业结构优化度与合理度在内的指标评价体系，通过对我国区域产业结构的投融资环境进行评价得出投融资潜力、投融资环境与结构的优化度和合理度呈现相关关系。王林生和梅洪常（2011）在对产业结构理论和合理化本质进行研究的基础上，提出了定性"四评价法"以及基于数学模型的定量"五评价法"，通过对产业结构调整效果进行测评，指出我国需要结合自身实际综合搭配选择产业结构优化的路径。刘淑茹（2011）以可持续发展和科学发展观作为产业结构合理化选择的理论基础，构建出包含 5 个一级指标、12 个二级指标在内的指标体系来反映产业结构的状况和特征。黄海标和李军（2008）从产业结构优化升级的高度化、合理化和产业系统运营财务状况构建了产业结构优化升级的评价指标体系，为产业结构的调整提供了改进方向。杜稳灵等（2006）构建了包含营利能力、偿债能力、资产运营等九大指标的评价体系，以对企业结构调整情况进行评价。何天祥和李明生（2012）综合考量产业结构演化理论和产业结构变动趋势，构建了涉及产值结构、就业结构等因素的产业结构层次评价指标体系，结合熵理论和 TOPSIS 方法实证分析了产业结构高度的有效性。

学者们也将国别样本和地区样本运用于产业结构调整指标体系设计中。周昌林和魏建良（2007）对社会产业结构进行划分，用每个产业劳动生产率平方根在整个产业结构中的产出占比来衡量不同区域产业结构的水平，并通过上海、深圳、宁波三个地方的实证研究证明了该方法的有效性。刘伟等（2008）对周昌林的产业结构水平衡量公式进行优化，用标准化的产业劳动生产率替代每个产业劳动生产率平方根，使结果便于在国家和地区之间进行对比，并对世界典型国家和我国产业结构的实际情况进行了检验。李子伦（2014）以科技创新能力、人力资本积累水平以及资源利用率为基础构建出评价指标体系，并对 OECD 代表国家和金砖五国的产业结构升级指数进行了测度。王晓玲（2016）将产业结构调整、尝试创新和公务服务指标等纳入评价指标体系，设计出适合东北城市转型的产业结构评价指标体系。郭旭红和李玄煜（2016）对标全球产业调整，在新常态视角下研究我国产业结构调整的指标体系。姜艾佳和张卫国（2014）以重庆为例，研究产业结构的包容性指标体系构建，为新型城镇包容性发展探索新路径。朱煜明等（2018）用元分析法、问卷调查等手段，对相关数据进行甄别筛选，设计出符合高新技术产业发展的产业结构指标体系，并进行了可行性、科学性验证。靖学青（2005）为区域产业结构层次系数提供了计算公式，使产业结构在不同区域和时间之间能够进行比较，弥补了传统只能横向比较产业结构高度的不足。

二、测算方法

国外学者在研究产业结构调整定量测算方法方面，主要使用产业结构偏离度（Syrquin and Chenery，1989）、泰尔指数（Theil，1967）和克鲁格曼产业结构差异系数（Krugman，1991）等。其中 Theil（1967）对地区收入之间的差异，在原来绝对信息熵的基础上加入相对值进行衡量。Syrquin 和 Chenery（1989）从要素投入和产业结构耦合两方面对产业结构与就业结构差异进行衡量，提出了产业结构偏离度的概念。Krugman（1991）针对地区贸易与专业化问题，构建了被学术界广泛使用的行业分工指数，对产业结构的差异进行衡量。Fagerberg（2000）利用 Shift-Share Analysis 方法对第二产业进行研究，结果显示产业内部结构的调整对经济增长影响作用不大。

国内学者围绕产业结构调整的测算方法，也进行了很多尝试。潘文卿和陈水源（1994）认为结构关联经济技术矩阵水平的高低体现了产业结构高级化水平，而产业结构的合理化常通过与经济技术特征相偏离度来体现，由此提出了产业结构高度和合理化的测算指标。李博和胡进（2008）构建了静态投入产出模型，研究发现我国的产业结构优化趋势呈现出先提升后下降的趋势，其与理想状态还存在一定差距。王林生和梅洪常（2008）认为现有的产业结构合理化评价并不能整合所有方面，应该综合利用多种方法增强评价的科学性。吕洁华等（2016）采用马尔科夫二次规划方法对黑龙江森工林区林业产业结构的有序度进行了测算，并有针对性地提出了产业优化策略。孙晓华等（2017）在对现有产业结构优化度测算方法梳理的基础上，基于合理化和高级化的理论思维，提出了包含行业份额、行业功效、行业特征的地区产业及工业服务业结构优化度测算方法，并以我国省域的数据为基础进行了实证研究，结果显示产业结构在全国范围内存在梯度分布、工业结构优化度波动明显。

综上所述，学术界在产业结构调整评价指标体系的构建及测算方法方面不断地进行探索，但仍有提高改善的空间。其一，在指标体系构建方面，以往研究设计的产业结构评价指标不能完全反映经济新常态对产业结构调整提出的新要求，鲜少有针对我国省域产业结构调整的系统评价。其二，在产业结构调整水平测算方面，无论是信息熵、行业分工指数还是偏离度都不能反映多指标条件下对产业结构调整的综合判断。因而有必要设计一套有理论支撑、多维度的产业结构调整综合评价指标体系，并采用科学的方法对省域的产业结构调整水平进行测算。

第三节　产业结构调整的影响因素

产业结构调整是一个庞大的系统，任何可能影响经济发展的组成因素都将对产业结构的调整产生作用，国内外学者对此进行了大量深入研究。

一、国外相关研究

Marshall（1920）对产业结构调整的外部经济效应进行研究，结论显示特定区域内某一行业的集聚情况，会促使该地区同行业其他企业受集聚企业知识、技术等的影响，对该行业的研发和创新水平产生整体的提升。Ohlin（1937）对各地区资本、劳动力和土地与产业之间的关系进行研究，认为各地方资源差异对产业结构的分布会产生影响。Krugman（1991）、Amiti（1998）研究发现规模效应会促使行业企业产生集聚。Venables（1996）、Hanson（1998）从贸易自由化的角度分析其对产业结构调整的影响，结果显示贸易自由化有降低交易成果的效果，从而吸引部分企业在该区域产生集聚现象。除产业集聚的影响外，部分学者对人口集聚的作用也进行了分析，Lipsey（2004）以印度尼西亚为研究对象，发现FDI对劳动力的增量需求将会对就业结构和产业结构产生影响。除定性分析外，部分学者还就规模效应对产业结构调整的影响进行了实证研究，Kim（1995）以1860~1987年美国制造业行业的就业数据为样本，对规模效应带来的需求增加、生产要素成本减少但质量有所提升的情况进行实证研究，提出地区资源差异和规模经济现象的存在都会对产业结构的分布产生一定的影响，并就美国19世纪到20世纪的发展情况进行了实地调查与分析。Demurger（2001）研究发现运输成本的增加是产业集聚的影响因素，区域运输成本增加会导致同类型企业在该区域趋同。Jie等（2009）研究发现技术水平通过影响企业规模报酬以及改变企业的比较优势，从而间接对产业结构的调整产生作用。

国外很多学者将影响产业结构调整的焦点放在了供需方面。Baumol（1967）认为生产的差异能够合理地解释产业结构的演化推进过程，而在该过程中技术进步和替代效应会打破原来产业部门在生产要素配置方面的均衡，从而对产业结构变动产生影响。Matsuyama（1992）指出随着居民收入水平的提升，市场对于制造业的需求量增加，从而促进制造业企业不断提高自己的生产能力和创新能力，该过程促进了一国产业结构的调整升级。Echevarria（1997）设计出模型对农业、制造业和服务业的消费水平与生产部门份额变化之间的关系进行了研究。Lmbs 和 Wacziarg（2003）研究发现，消费的增加会促使产业多样化发展，但是经过一定时期又会趋同发展。Acemoglu 和 Guerrieri（2008）研究显示部门间要素比例差异和资本深化两个指标对产业结构的变化产生影响，且产业结构和总量平衡增长呈现同步变化的现象。Ngai 和 Pissarides（2007）研究发现产业结构的调整会由于劳动力要素的变化而产生变化，当农业和制造业的市场化程度提升时会使服务业配置的劳动时间得到延长。

金融市场对产业结构的影响得到了国外很多学者的共识，Wurgler（2000）通过对 65 个国家处于上升期和衰退期的行业投资变化研究得出，金融行业发展良好的国家更倾向于将资金配置向增长性行业。Beck 等（2005）对美国金融市场进行研究后发现，融资环境较为宽松的金融市场更有利于中小企业的行业经济增长。Acemoglu 等（2006）认为是否存在融资约束会对企业的活动产生影响，金融约束不利于企业创新，相反宽松的金融环境能够促进企业创新活动的开展。Ilyina 和 Samaniego（2011）也指出金融发展完善、融资市场宽松的环境有利于研发密集度高、投资倾向大的企业的发展。

技术进步对产业结构的影响一直受到国外学者的关注。Varum 等（2009）将葡萄牙制造业数据用于实证得出，技术创新有利于劳动生产率的提升进而影响产业结构调整。Lucchese（2011）在"新熊彼特"理论的基础上对六个主要欧洲国家的制造业进行实证研究，证明技术创新有助于产业结构优化。Ngai 和 Pissarides（2007）、Yi 和 Zhang（2011）研究结果表明技术创新对产业结构调整有促进作用。Maskus 等（2012）以 18 个 OECD 制造业国家为样本，研究 1990~2003 年研发强度对产业升级的影响。

二、国内相关研究

许多国内学者从多因素角度分析产业结构调整的影响因素。姜彦福等

（1998）提出除工业产业外，物流业和商业的产业结构调整也都受公众需求变化的影响，而且该变化趋向于消费结构主导模式。宋锦剑（2000）认为在影响产业结构的因素中，需求结构、资源供给、科技进步、国际经济一体化等发挥着举足轻重的作用。俞肖云（2002）提出在"十五"期间，工业产业结构除受宏观经济的影响外，工业政策和经济社会环境在结构调整中也发挥了一定的作用。周冯琦（2003）提出产业结构调整受劳动力配置、产业资本形成、技术进步和体制转轨四个因素的影响。陈静和叶文振（2003）认为需求结构、劳动力素质、外资规模等是影响产业结构优化调整的最重要因素。陈晓涛（2006）认为知识、技术、市场需求和环境四个因素都会影响到产业结构的调整升级。袁卫东（2007）认为内在动力、环境、人为因素影响了厦门地区对接台湾地区的产业结构调整问题。杨德勇和董左卉子（2007）站在资本市场的角度就企业融资和产业结构之间的关系进行分析研究，结论表明产业结构的升级受市场规模扩大的正向影响。梁树广（2014）基于我国2000~2011年面板数据进行实证研究，结果显示交通基础设施、技术创新、外商直接投资、固定资产投资和人力资本等因素对我国产业结构调整发挥重要作用。

学者们常用实证方法印证不同因素对产业结构调整的影响。张翠菊和张宗益（2015）对中国30个省产业结构升级的影响因素进行研究的结果显示：外商直接投资、物质资本投资、能源投资、居民消费、城市化和技术进步发挥促进作用，而政府消费和人力资源投资作用效果并不明显。何晖和钟玲（2015）研究了研发、人力资本、金融机构、外商直接投资与贸易开放度与产业结构调整的关系，其中研发、金融机构有助于产业结构的多元化，但是人力资本起负作用。张建华和王慧丽（2016）在考虑劳动异质性的基础上，对我国一、二、三产业结构的偏离度进行原因分析，并就产业结构偏离和就业问题提出了合理化建议。

此外，学者们常聚焦于一个因素，分析其对产业结构调整的影响。唐松等（2010）认为公共财政对于产业结构的调整有明显的作用，国建业和唐龙生（2001）从理论上分析了财政政策在促进产业结构调整方面的有效性。郭晔和赖章福（2010，2011）也通过研究表明了财政政策对于产业结构调整有显著作用。同样的研究结果还有张同斌和高铁梅（2012）、郭小东等（2009）。安苑和王珺（2012）研究表明财政支出不同对于产业结构的影响不同，其中行政管理支出减弱了产业结构优化作用。于力和胡燕京（2011）

研究发现科、教、文、卫能够促进三次产业发展。董万好和刘兰娟（2012）构建科教支出的产业结构 CGE 模型，结果也显示出科教对于产业结构具有促进作用，得出同样研究结果的还有尚晓贺和陶江（2015）。原毅军和谢荣辉（2014）借助门槛效应检验和面板门槛回归模型验证了中国污染减排政策对产业结构调整的倒逼效应以及两者之间的非线性关系。黄亚捷（2015）的研究表明产业结构不仅受到城镇化的短期波动影响，还取决于长期均衡的偏离趋势。陈菲琼等（2015）研究发现不同类型的产业投资基金对产业结构的专业化与多样化的影响不同。杨钧（2017）的研究结果表明经济发展城镇化、居民生活城镇化、公共服务城镇化、基础设施城镇化、资源环境城镇化、城乡一体化对农村产业结构调整的影响各有不同。

在产业结构调整的区域差异方面，林亚楠（2010）对我国东、中、西部产业发展受地方财政投入影响的情况进行考察，发现东、中部受区域性财政收入影响导致的差异较小，而西部财政收入的投入增加会导致区域产业结构趋同。安苑和宋凌云（2016）关于财政对产业结构升级的地区性差异与林亚楠的研究结果相同，即存在"西高东低"的差异。宋大勇（2008）指出受区域化作用的影响，外商直接投资对我国东、中、西部产业结构升级作用效果不同，其中，对东部地区影响作用明显，对中、西部的促进作用并不显著。郭琪（2011）利用实证研究指出税收、信贷、支出以及直接融资政策对产业结构调整的效应依次减弱，而且针对不同地区金融职能的财政化作用各不相同，东部作用最为显著。张海星和靳伟凤（2014）基于1998~2012年不同地区省级动态面板数据模型，实证检验结果显示：地方政府物质资本、税收、人力资本对产业结构产生区域化差异影响，其中物质资本、税收有利于产业集聚，而人力资本投入则分散了产业分布。战炤磊（2018）基于沪、苏、浙、鲁、粤五省的数据对人力资本与产业结构调整的关系进行分析，并对两者之间耦合度的影响因素进行了研究。

综上所述，国内外学者从规模效应、金融支持、人口资源、技术进步、税收、城镇化、环境、公共政策等一个或多个因素分析其对产业结构调整产生的影响，他们常基于经济体或是省域的面板数据通过模型实证分析各因素对产业结构的影响，这为本书后续研究提供了必要的学术参考。

第四节　金融影响产业结构调整

金融如何影响产业结构的调整，如何保障产业调整目标的实现，一直以来就是学术界的热点问题，众多的学者就该问题从不同的角度提出了不同的见解。

一、国外相关研究

18 世纪至 19 世纪 Adam Smith、Ricardo 等经济学者就指出银行等金融机构对经济增长和产业结构升级产生推动作用。Bagehot（1962）在研究英国的工业革命时发现，金融为工业提供了资金，促进了工业发展。Schumpeter（1912）提出银行给具备创新能力的企业家提供资金，为企业技术创新提供金融支持的同时提高了金融体系资金的使用效率。Schumpeter 和 Nichol（1934）站在创新的角度，研究了金融行业的资金流向对产业调整发展的影响，结果显示金融业能够带动创新的发展，而创新又会促进产业进步。

早期关于金融发展与产业关系的研究为学者们深入研究金融支持和产业调整之间的关系奠定了良好基础。Goldsmith（1969）基于金融结构的角度对两者之间的关系进行研究，认为金融发展能够促进产业结构的调整。Rajan 和 Zingales（1998）站在产业结构的角度考察金融机构在产业升级中的作用，他们提出企业创新发展有赖于金融的发展，发达的金融体系能促进企业技术创新的发展和进步，技术创新又会影响经济的增长。金融受限的国家，更有利于传统企业的融资和发展。Wurgler（2000）通过对 65 个国家制造业总投资和产业增加值数据进行实证研究，发现金融市场化程度高的国家倾向于将资金流向成长性行业，其资金的配置效率也优于其他区域和国家。Love 和 Fisman（2003）研究发现金融的深化发展对小企业而言能减轻其投资的金融约束，对大企业的效果不明显，金融优化的存在减少了大企业信贷优惠的条件。Beck 等（2004）研究发现金融发展水平和法律体系的有效性与完善性有利于产业的发展。Beck 等（2005）以 54 个国家的企业发展数据为样本，研究金融市场与经济发展之间的关系，结论显示小企业更容易受到金融约束的限制，但是这种约束会随着金融市场的改善而减少。Hsien 和 Klenow（2007）通过对中国、印度和美国三个国家企业层面真实数据的资源配置效率考察，研究其对企业边际产出的影响，结果显示中国和印度资源配置效率的提高将有助于边际产出的增加，而信贷资金和金融政策是资源配置的重要影响因素。

金融支持与产业结构改善的关系还体现在市场竞争的方面，Beck 等（2006a）认为金融市场之间的竞争会减少对企业的信贷要求，这样会降低市场中企业平均规模，同时增加企业间的竞争。但 Beck 等（2006b）认为银行会在其盈利的范围内为企业提供信贷，这种方式在一定程度上能够促进产业发展，但是却不会降低企业进入市场的要求，导致产业集中从而阻碍市场竞争。

学术界还有部分学者研究发现金融发展对于产业发展存在抑制作用。Goldsmith（1969）提出金融发展对经济增长不存在明显的促进作用，相反经济的增长却有利于市场对金融产品和金融服务需求的增加，从而带来金融系统和产品的完善和丰富。McKinnon（1973a）、Shaw（1973）认为金融发展对经济增长会产生负面影响。上述的研究局限于信贷机构对于经济结构的影响，忽略了股票市场因素。外部资金筹集主要来源于银行和股票市场，Jyh-Lin Wu 等（2010）同时考虑了银行贷款和股权融资对经济增长的影响，发现金融市场对经济产出从长期来看存在负面影响，但是市场对风险的分散功能以及银行信息服务的作用保障了经济稳定增长，从而保持了市场、经济增长和股票市场三者的稳定性。Grant P Kabango 和 Alberto Paloni（2011）基于金融自由化的背景，对信贷扩张带来的产业结构变化进行研究，发现对信贷依赖性较强的企业或部门，金融自由化政策有利于产业集中度的增加，但是会减少企业的净流入。

二、国内相关研究

我国关于金融支持和产业结构调整的文献比较分散，学者们各抒己见。在国家层面上，陈峰（1996）提出金融在产业结构调整中的作用越来越大。伍海华和张旭（2001）认为金融发展需要资金形成、资金流向和信用催化等因素作为中间桥梁来影响产业结构调整，同时促进公司发展。高静文（2005）指出金融深化对产业结构调整发挥着重要的作用。

罗美娟（2001）基于证券市场的角度，指出资本市场对行业重点企业有促进作用，而且指出资本市场在进行资金配置时应加以考虑的因素。蔡红艳和阎庆民（2004）认为资本市场中资金需要合理化配置，但是由于我国市场中政府也起到一定的调配作用，因此，政府的不合理行为可能造成资金向某些落后的行业配置，从而阻碍了产业结构的有效升级。

张旭和伍海华（2002）、林毅夫（2002）的研究表明银行主导型金融体系有利于大企业的发展，并提出了金融结构与经济相匹配的发展模式。马正兵（2004）对我国自 20 世纪 80 年代前后信贷与产业结构之间的关系进行了研究，结果显示时间节点之前信贷与产业结构规律相吻合，但是节点之后受市场因素作用、政府的干预以及金融企业自身经营模式等的影响，金融市场主体主观能动性受限，信贷投向与产业结构发展规律存在一定的偏差。张佩和马弘（2012）认为由于我国的金融行业尚未施行市场化，相对于其他外部融资渠道而言银行成本较低，导致容易获取银行贷款的企业产生过度投资问题，这种资源的不合理配置造成总体 TFP 水平的下降。

白钦先和高霞（2015）对日本产业结构调整的过程进行研究，发现政府在不同的发展阶段采取了不同的金融支持政策，在一定程度上促进了产业结构的调整，这一结论可为我国产业结构调整提供借鉴经验。赵婉妤和王立国（2016）对美国和德国产业结构调整中金融机构的作用进行了分析，并针对我国实际情况提出了完善金融支持的建议。

就地区层面，张丽拉（2000）指出广东省在实施产业结构优化升级的过程中，金融服务机构选择资金支持对象时应该将焦点集中在外贸行业、知识产业和高新技术行业。王良健等（2001）利用湖南省数据研究金融抑制和产业结构之间的关系，指出金融抑制阻碍产业结构的发展，有必要协调资本市场、货币政策和金融服务机构三者之间的关系以促进产业结构调整。范方志和张立军（2003）分析我国东、中、西部金融结构、产业结构以及经济增长之间的差异，指出产业结构不合理是造成我国东西部经济发展差距的原因，优化产业结构有利于改善金融结构，促进经济增长。叶耀明和纪翠玲（2004）选取长三角城市进行研究，结果显示长三角城市金融服务的发展有助于第二产业和第三产业的发展，对第三产业的促进作用更明显。惠晓峰和沈静（2006）对东北三省金融发展与产业结构优化进行对比发现，辽宁省金融发展对于产业结构调整影响显著，且金融行业的发展对产业结构的优化起到促进作用。孙晶和李涵硕（2012）分析我国省域银行、证券、保险的分布情况时考虑了区位因素的影响，结果显示金融集聚能够促进产业结构优化升级，银行业在产业结构升级过程中的作用较其他机构显著。胡荣才等（2012）对湖南省金融发展与产业结构进行分析，发现金融服务对产业结构优化起正向促进作用，且两者发展与国民经济形势和宏观政策协调同步。周婕（2017）以河北省为研究对象，探讨了金融政策在农村产业结构优化过程中的作用，发现金融机构对产业结构调整的抑制作用主要体现在金融供给总量不足、金融中介种类单一、资金支持周期较短等方面。姜东（2018）通过对资源型城市的实证分析发现，财政支出政策抑制了产业结构的调整，而信贷政策能够促进产业结构的优化。

综上所述，以 Goldsmith 为代表的相当多的国外学者研究发现金融支持能够促进产业结构的优化与升级，并据此构建了金融结构理论，我国学者围绕金融支持与产业结构调整的研究以全国和地区层面展开，更具有现实价值。

第五节 资本市场影响产业结构调整

一、国外相关研究

关于资本市场与产业结构调整的关系，学术界存在两种观点：第一种观点是资本市场能够促进产业结构的调整。Goldsmith（1969）认为金融机构服务发展得越好，市场对于金融的需求越多，从而会促进金融行业的发展，也有利于金融行业资金的积累，在既定的市场环境下，资金在合理配置下流向盈利水平高和受鼓励的行业，从而能够对产业结构变动和经济增长起到促进作用。Shaw（1973）提出产业结构和市场存在相互促进的效果。完善的金融市场能够集聚资金并能够实现合理配置，从而促进产业结构优化升级，同样，产业的成长为国民经济增长带来"福利"的同时，又能够增加市场对于金融服务的需求，从而起到双赢的效果。罗斯托（1988）提出"主导部门"带动经济的增长，而主导企业的发展又依赖于资金的保障和支持，从而论证了资本市场对于产业结构调整的重要性。Marco Darin 和 Thomas Hellmann（2002）提出资本市场具有加速夕阳产业衰退、促进新兴产业发展的产业优化功能。Binh 等（2005）采用多元回归的实证研究方法对经济合作与发展组织中的 26 个制造业的数据进行分析，其中样本的来源包含处于不同金融发展阶段的国家，分析结果显示资本市场发展水平较高的国家高新技术企业也呈现出良好的发展势头。Carlota Perez（2009）分析了历史上出现的多次科技革命，总结出科技和金融促进经济发展的范式，即技术发展产生新的发展机会，从而带动新的产业发展来促进产业结构的调整。

第二种观点是资本市场与产业调整无关或产生抑制作用。Stiglitz（1994）发现股票市场中投资者可能存在短期的套利行为，因而会减少其对于资本市场的监督，另外信息不对称可能导致市价无法真正反映企业的经营业绩，从而不利于优质企业筹集资金。Singh（1997）认为股票市场波动带来的市场失灵有可能对产业结构调整产生不利影响，这种情况在发展中国家更加明显。Bhide（1993）认为股票市场的投机会弱化投资者对于企业的监督，同时还可能导致投资者盲目追求投资收益率而给实体企业带来不利影响。Aghion 等（2010）基于上市公司融资成本的角度提出，资本市场上的股价不实会影响部分企业发展的积极性，对产业结构调整也会产生消极的影响。

二、国内相关研究

国内学者对资本市场与产业结构的研究也存在正反两种观点，大部分学者认为资本市场有利于产业结构调整。在持资本市场有利于产业结构调整观点的学者中，刘克逸（2001）认为资本市场通过对产业结构的增量调整和存量调整两方面对产业结构进行影响，对产业结构优化升级、高新技术企业和国有企业的改革都发挥重要作用。伍海华和张旭（2001）、张旭和伍海华（2002）提出资本市场通过影响资本形成和资本配置、促进技术发展以及产业组织合理化三种方式优化产业结构，为产业结构的优化提供选择路径。米建国和李建伟（2002）通过引入消费、投资、进出口等控制变量，对股票市场和产业调整之间的关系进行实证研究，结果显示股票市场对产业结构调整显著有效。孙莉娜（2002）认为产业资本的优化过程就是产业内部实现的优化调整，而产业资本的优化正是金融市场完善服务提升效率、促进经济要素投入和生产力提升的重要环节。刘伟和王汝芳（2006）将股票、债券和银行中长期信贷纳入资本市场的考量范围，对资本市场与经济增长之间的关系进行实证分析，结果显示长期信贷、固定资产投资比与经济增长存在负相关，并且这种关系会由于金融改革而得到弱化，但是资本市场直接融资、固定资产投资比显示出对经济的正向激励作用，且该种激励会得到不断加强。马智利和周翔宇（2008）以金融相关率、市场化率指标对金融市场和产业调整关系进行实证分析，结果显示两者之间存在长期稳定均衡关系。陈文新等（2015）以新疆为研究对象，对资本市场和产业结构调整之间的关系进行实证研究，结果显示三期之间资本市场对产业结构调整有正向促进作用，三期之后这种促进效果会不断减弱，而产业结构的优化升级反过来又会对金融市场的完善产生影响。陆蓉等（2017）研究显示资本市场中资产的高估对于产业结构调整产生影响，相反资产低估作用效果并不明显。

还有少数学者研究结果显示资本市场对于产业结构调整作用并不明显。谈儒勇（1999）研究发现股票市场发展与经济增长之间有不显著的负相关关系。赵志君（2000）分析发现中国股票市值与 GNP 的比值和 GNP 的增长率严重负相关。冯磊（2001）采用单位根、协整检验及格兰杰因果关系对我国股票市场及经济增长的关系进行研究，结果显示股票市场对于产业结构调整不存在促进作用。张梅（2006）认为我国市场机制不完善导致股票市场未能对产业结构调整发挥应有作用，提出发挥直接融资的优势促进微观主体发展的产业优化发展建议。韩丹（2008）采用 14 个工业部门 1994~2006 年的数据，定量分析股票融资和行业增加值的关系，结果表明股票融资对于行业增加值不存在显著的贡献作用。杨小玲（2009）运用协整的计量方法对直接融资和间接融资两种融资方式对产业结构的影响进行研究，结果显示间接融资促进了产业结构调整，相反直接融资结果并不显著。苏勇和杨小玲（2010）以 2000~2008 年的股票市场数据研究其对三个产业结构优化的作用，发现政府对市场的干预导致股票市场对产业调整作用不明显。王新霞和冯雷（2012）基于 2006~2010 年的省际数据，运用动态面板模型实证检验了我国证券市场融资的产业升级效应，结果显示证券市场融资不仅没有推动反而阻碍了产业升级，且阻碍主要来自股票市场融资，债券市场融资则不存在显著影响。

综上所述，无论是国外的学者还是国内的学者，在资本市场与产业结构调整关系研究中的结论大致可分为两类：一类认为资本市场的发展能够促进产业结构的调整；另一类认为资本市场对产业结构调整的促进作用并不明显，甚至会产生抑制作用。学者们只是从资本市场的某一类指标分析其对产业结构调整的影响，尤其缺乏对我国以及省域资本市场发展水平与融资效率的研究，同时尚未将此资本市场发展水平和融资效率对产业结构调整的空间影响考虑在内，这些均为本书提供了可能的学术创新空间。

第六节　本章小结

本章对产业结构调整的理论发展脉络进行了梳理，早期的研究主要围绕三次产业分类、产业间的转移与递进规律、产业政策等展开研究。到了近现代，产业结构调整的分类有了新的进展，产业结构调整的国别差异、地区差异及其成因是学者们关注的重点。

本章围绕产业结构调整的测度、产业结构调整的影响因素、金融影响产业结构调整、资本市场影响产业结构调整四个方面开展国内外文献综述。学术界在产业结构调整评价指标体系的构建及测算方法方面不断地进行探索，但仍有提高改善的空间。国内外学者从规模效应、金融支持、人口资源、技术进步、税收、城镇化、环境、公共政策等一个或多个因素分析其对产业结构调整产生的影响。在金融影响产业结构调整方面，以 Goldsmith 为代表的相当多的国外学者研究发现金融支持能够促进产业结构的优化与升级，并据此构建了金融结构理论，我国学者围绕金融支持与产业结构调整的研究以全国和地区层面展开，更具有现实价值。

但是以往研究设计的产业结构评价指标不能够完全反映经济新常态对产业结构调整提出的新要求，鲜少有针对我国省域产业结构调整的系统评价，在产业结构调整水平测算方面，无论是信息熵、行业分工指数还是偏离度都不能反映多指标条件下对产业结构调整的综合判断。因而有必要设计一套有理论支撑、多维度的产业结构调整综合评价指标体系，并采用科学的方法对省域的产业结构调整水平进行测算。同时，学者们只是从资本市场的某一类指标分析其对产业结构调整的影响，尤其缺乏对我国以及省域资本市场发展水平与融资效率的研究，同时尚未将此资本市场发展水平和融资效率对产业结构调整的空间影响考虑在内，这些均为本书提供了可能的学术创新空间。

第三章 资本市场影响产业结构调整的现实与逻辑

产业结构问题一直以来是中国社会经济领域的重要矛盾和关注焦点。构建合理有效的产业结构，有利于促进资源的有效供给与配置，使"结构红利"推动经济持续增长。产业与资本的融合能够充分发挥市场在资源配置中的决定性作用，引导先进技术与资金进行有机结合，实现两者的优化配置。中国资本市场的不断发展促进了不同时期产业发展战略的调整，反映了中国产业结构调整的动态发展过程。本章将全景概述中国产业结构调整和资本市场的发展特征，构建中国资本市场影响产业结构调整的逻辑框架。

第一节 中国产业结构调整的特征、问题与驱动因素

一、中国产业结构调整的特征

受益于改革开放释放的强大红利，我国三次产业充分发挥自身禀赋优势，把握全球技术变革和产业链分工的历史机遇实现了长足发展。三次产业之间以及各产业内部细分产业之间的结构不断优化，劳动生产率较快提升，新的产业模式与组织形态不断涌现，优势产业集群逐渐发展壮大，为经济持续增长以及新旧动能转换提供了重要支撑。

1. 产业间比例趋于合理化

第一、二、三产业的比例接近钱纳里标准结构，第三产业逐渐成长为国民经济主导产业。

一是第一、三产业在 GDP 中的占比此消彼长，第二产业占比窄幅波动。

1978 年以来，我国三次产业在 GDP 中的比例关系发生较大变化，产业结构总体呈现由"二一三"向"二三一"，再向"三二一"的演变趋势，第三产业占比在 1985 年超过第一产业占比之后，用了 28 年时间在 2013 年超过第二产业占比。第一产业与第三产业呈现"剪刀式"对称消长态势，第三产业逐渐取代了第二产业在国民经济中的主导地位，如图 3-1 所示。

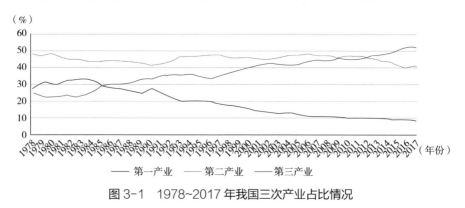

图 3-1　1978~2017 年我国三次产业占比情况

二是劳动力逐渐由第一产业向二、三产业转移，第三产业成为吸纳就业的绝对主力，如表 3-1 所示。纵观近 40 年来的发展演变，我国劳动人口逐渐由第一产业向二、三产业尤其是第三产业转移，一、二、三产业就业人员在全体就业人员中的占比变化趋势与产出占比变化趋势在方向上有较强相似性，也从侧面反映了我国产业结构由资源和劳动密集型向资本和技术密集型演进的过程。

三是三次产业劳动生产率均有不同程度的提升，第二产业劳动生产率最高。改革开放以来，我国三次产业劳动生产率不断提升，且差距呈扩大趋势。2014 年，三次产业劳动生产率分别达到 1978 年的 4.87 倍、11.32 倍和 4.93 倍，第二产业劳动生产率提升最为显著，1978 年，三次产业劳动生产率比值为 1∶2.73∶4.11。2014 年，三次产业劳动生产率比值为 1∶5.74∶4.15。第二、三产业劳动生产率显著高于第一产业。

应该引起警惕的是，第一、二产业对经济增长的带动总体走弱，出现产业空心化迹象。20 世纪 90 年代以来，第一产业贡献率始终在低位徘徊，第二产业贡献率先升后降，第三产业贡献率波动上升，并于 2015 年取代第二产业成为经济增长最主要的贡献力。当前实体经济尤其是制造业在市场、融资、转型"三座大山"的压力下举步维艰，也导致产业资本向金融业渗透，从而造成实体产业在国民经济中的比重明显下降，这种社会资本由生产领域转至金融领域而造成实体产业的削弱，应受到国家的高度重视。

表 3-1 三次产业对 GDP 的占比和三次产业从业人员的结构比例　单位：%

年份	GDP 结构			劳动投入结构		
	第一产业	第二产业	第三产业	第一产业	第二产业	第三产业
2004	12.90	46.90	41.20	46.90	22.50	30.60
2005	11.60	47.00	41.30	44.80	23.80	31.40
2006	10.60	47.60	41.80	42.60	25.20	32.20
2007	10.30	46.90	42.90	40.80	26.80	32.40
2008	10.30	46.90	42.80	39.60	27.20	33.20
2009	9.80	45.90	44.30	38.10	27.80	34.10
2010	9.50	46.40	44.10	36.70	28.70	34.60
2011	9.40	46.40	44.20	34.80	29.50	35.70
2012	9.40	45.30	45.30	33.60	30.30	36.10
2013	9.30	44.00	46.70	31.40	30.10	38.50
2014	9.10	43.10	47.80	29.50	29.90	40.60
2015	8.80	40.90	50.20	28.30	29.30	42.40
2016	8.60	39.80	51.60	27.70	28.80	43.50
2017	7.90	40.50	51.60	27	28.10	44.90

2.产业内结构趋于高级化

三次产业内部结构趋于高级化，新产业、新动能不断涌现。一是传统农业在第一产业中的占比下降，牧业、渔业发展较快，如图 3-2 所示。改革开放以来至 21 世纪初，农业在第一产业中的占比不断下降，由 80% 下降至 50% 左右，近年来趋于稳定并小幅回升，说明农业的基础地位有所稳固。得益于居民收入水平的提升，居民饮食需求的升级，肉、蛋、奶、水产品的国内外市场需求不断增加，牧业、渔业得到快速发展。牧业占比由 15% 左右升至 30% 左右。两次金融危机期间，牧业受冲击较小，一定程度上弥补了农业的快速下滑，2008 年牧业占比为 35.49%，达到 40 年来的历史最高点。1978 年至 20 世纪 90 年代中后期，渔业呈现较快增长态势，由不足 2% 升至 10% 左右。20 世纪 90 年代末以来，渔业占比变化趋于平缓，基本稳定在 10% 左右。林业占比相对稳定，保持在 3%~5% 内。1978 年，农、林、牧、渔在第一产业中的比例关系大致为 80：3：15：2。2017 年，这一比例已变为 56：5：28：11，四类产业的占比差距逐渐缩小，林业与渔业的位序发生了互换。

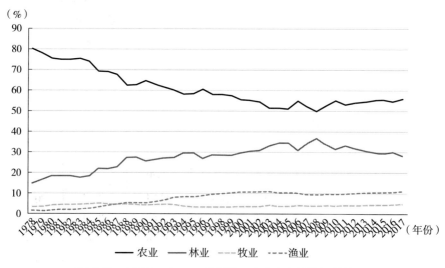

图 3-2　1978~2017 年我国第一产业内部结构调整情况

二是工业在第二产业中占比稳中趋降，制造业支柱地位不断巩固。长期以来，工业是第二产业的主体产业，建筑业占比较小。改革开放至今，工业在第二产业中的占比虽有缓慢下降趋势，但总体仍保持在 80% 以上的高位，与之对应的是，在城镇化建设与房地产行业的发展过程中，建筑业的市场需求增加，在第二产业中的占比趋于上升，如图 3-3 所示。40 年来，工业与建筑业的比例关系由 9：1 左右演变为 8：2 左右。同时，制造业在工业中的占比平稳上升，以电子、轻工产品为代表的制造业凭借在人力成本和资源方面的优势快速崛起，尤其在加入世界贸易组织之后我国更加深度地融入全球产业链分工，IT 产品加工、玩具、服装、轻工业制造等劳动密集型制造产业辐射全球。2010 年我国制造业占全球总量的 18.9%，一举超越美国成为世界第一制造业大国。近年来，我国重新定位在全球产业链中的角色，注重产品研发设计和品牌建设，加快我国制造业从全球产业链中下游向中上游转移的转型升级，而制造业内部结构由传统的劳动密集型向高端装备制造、信息通信设备、智能制造等资本技术密集型调整。

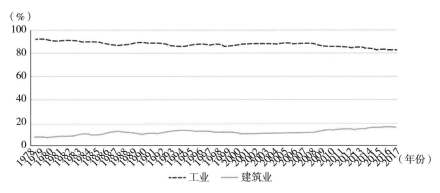

图 3-3　1978~2017 年我国第二产业内部结构调整情况

三是批发零售、交通运输等传统服务业占比下降，金融、房地产业快速崛起，软件和信息技术等新兴服务业占比上升。通过几个关键时间节点分析我国第三产业的结构变化发现，改革开放以来，第三产业中的主导产业发生了较大变化，总体呈现由以传统服务业为主向以现代服务业为主的趋势。1978 年，在第三产业（不含其他服务业）中排前三位的子行业分别为批发和零售业，交通运输、仓储和邮政业，房地产业；至 2017 年，金融业取代交通运输、仓储和邮政业在第三产业构成中居于第二位，房地产业占比与金融业相差不到 3 个百分点，仍处于第三位，如图 3-4 所示。

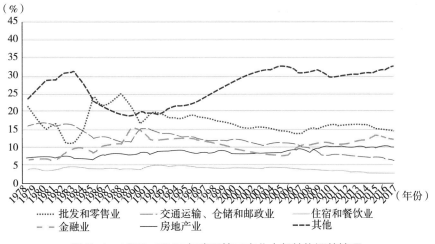

图 3-4　1978~2017 年我国第三产业内部结构调整情况

四是科技进步与经济发展理念的转变催生了产业内部结构演变的新趋势、

新形态。近 40 年来，信息技术尤其是互联网的兴起，以及近年来的大数据、云计算、人工智能等新兴科技的出现对产业结构演变产生了重要影响，"互联网＋产业"既是产业转型升级的实现手段也是发展方向之一，产业智能化成为重要发展趋势。同时，在经济发展模式转变的背景下，共享经济、数字经济、战略性新兴产业等蓬勃发展，传统三次产业内部结构的划分也被不断打破。

3. 产业结构调整日趋国际化

产业结构调整在国际分工区域扩大化和界限碎片化的影响下已经突破国界，从国家内部扩展成为全球价值链的分工。对外贸易促进了产业结构调整，加入 WTO 更为国内企业提供了更多公平竞争的机会，中国在国际和区域经贸舞台上日益活跃。我国已经成为全球第一大货物贸易国、第一大货物出口国、第二大货物进口国、第二大服务贸易大国、第二大对外直接投资国。1978 年以来主要经济体货物和服务贸易情况如图 3-5 所示。在出口产品中，高技术、高品质和高附加值的外贸产品比重提高，市场的份额增加，2018 年我国高技术产品出口占总出口的比重达到 30% 左右。这说明我国外贸正在向高质量发展。2018 年，实际使用外商直接投资金额 8856 亿元，其中高技术制造业实际使用外资 898 亿元，增长 35.1%。同时，2017 年中国对外直接投资达到 1582 亿美元，占世界利用外资总额的 9.9%，排名全球第二，比改革开放之初增长了 55 倍，如图 3-6 所示。中国对外承包工程完成营业额为 1685 亿美元，对外劳务合作派出总人数达到 52.2 万人，带动了商品和劳务出口。

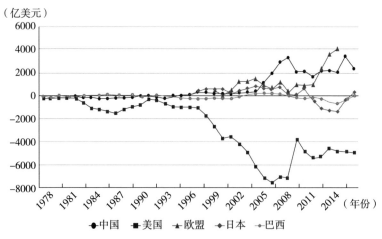

图 3-5　1978~2016 年主要经济体货物和服务贸易情况

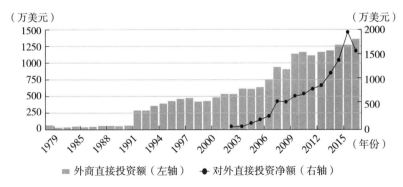

图 3-6　1978~2017 年我国外商直接投资和对外直接投资情况

4. 产业结构调整的成果普惠性

我国经济处于由高速增长阶段转向高质量发展的阶段，将产业结构调整的成果普惠于人民，满足人民日益增长的美好生活需要是实现高质量发展的重要内容。以往依靠资源、资本、劳动力等要素投入的经济增长方式被绿色生态发展的经济生态方式取代，更加注重人的教育和健康，注重缩小地区间的经济差距，使产业结构调整普惠于民。据《2018 年国民经济和社会发展统计公报》显示，2018 年末全国参加城镇职工基本养老保险人数41848 万人，比 2017 年末增加 1555 万人。参加城乡居民基本养老保险人数52392 万人，增加 1137 万人。参加基本医疗保险人数 134452 万人，增加16771 万人。普通本专科在校生人数为 2831 万人，执业医师和执业助理医师 358 万人，注册护士 412 万人。人均公园绿地面积为 13.35 平方米，人均图书拥有量 6.85 册。

5. 产业空间布局差异明显

受区域发展政策影响，产业空间布局呈现明显的阶段性特征。一是东部沿海地区率先对外开放。东部省市陆续成立国家级经济技术开发区、高新技术开发区、出口加工区和保税区等，成为承接国际产业转移的平台和高新技术产业化的基地。在东部沿海地区加快对外开放的同时，中西部地区则重点发展能源、原材料工业，以及铁路、水运等交通基础设施，重大项目优先向东部沿海地区倾斜，资源要素快速集中，带来东部沿海地区各个产业尤其是外向型经济相关产业的迅速崛起。

二是启动区域协调发展战略下的产业分工与转移。非均衡发展战略的实施，带来了东部经济的高速增长，但同时出现区域发展不均衡加剧，区域发展差距日益扩大的问题。在此背景下，产业布局政策开始由早期的效率优先，逐渐向效率优先、兼顾公平的发展策略转变，强调各区域应按照合理分工、优势互补、协调发展基本原则扶持重点产业。引导产业向沿海、沿江、沿路、沿边地区集中，以交通枢纽城市为中心，辐射周边区域经济发展，形成点线面的区域经济带动模式。

三是加快推进形成区域协调下的产业比较优势集群。进入 21 世纪后，党中央、国务院着眼于一体联动和重点突破相统一，先后出台若干意见促进区域经济协调发展。形成了"一带一路"倡议、京津冀协同发展战略和长江经济带发展战略等为引领，振兴东北老工业地基、中原地区崛起、自贸区自贸港、粤港澳大湾区建设为支点的全国区域发展规划，探索区域产业结构协调发展新机制。

二、中国产业结构调整存在的问题

我国产业结构现代化水平与发达经济体相比还存在较大差距，优化升级面临困难和瓶颈。单纯从三次产业的产出占比来看，我国产业结构的演进基本符合全球工业化进程的一般规律，服务业取代工业成为国民经济的主导产业成为我国产业结构现代化的重要标志。但从更深层次的质量和效益角度出发，工业占比下降、服务业占比上升，不必然意味着产业结构的优化升级，仅将第三产业 GDP 占比作为产业结构现代化、高级化的核心判定依据过于简单化，可能有失偏颇。具体地，我国产业结构存在如下四方面突出问题：

一是产业体系现代化程度不高，结构性失衡问题亟待解决。首先，第一产业基础仍然相对薄弱。农业设施相对落后，高端农机装备以及现代化耕种手段普及率不高，加之受到农村土地制度制约，农业规模化、节约化、机械化生产方式尚未有效普及，土地产出效率较低，优质农产品占比较低，难以满足居民消费升级趋势下对高质量、多样化农产品的现实需求。其次，第二产业"大而不强"，随着国际竞争强度加剧、竞争领域升级，我国第二产业尤其是工业竞争力有所削弱，关键装备、核心零部件和基础软件等存在较为严重的进口依赖，在人才、技术、制度以及成果转化等方面总体上仍处于劣势。

从经济效益和内部结构看，工业企业整体利润增势不容乐观，轻重工业结构失衡问题依然存在。最后，第三产业内部优化升级步伐缓慢。从内部结构看，批发零售、交运仓储等传统、基础性服务业占比较高，现代服务业发展相对缓慢，信息传输、软件和信息技术服务业，以及租赁和商务服务业等知识与技术密集型产业占比较低，金融系统自我循环问题凸显，脱离实体经济需要的金融业务规模膨胀过快；房地产业长期形成的非理性高速扩张模式对实体经济发展形成挤出效应，一定程度上损害了经济创新活力。

二是劳动生产率较为落后，产业创新驱动力仍需加强。20 世纪 90 年代以来，我国劳动生产率进入快速上升期，年均增速远高于世界平均水平，特别是第二、三产业劳动生产率增速明显。但从绝对水平看，美欧日等发达经济体单位劳动产出水平仍大大高于我国。2018 年我国单位劳动产出为人均 107327 元人民币，尚不足世界平均水平的一半，表明我国劳动者整体素质、劳动组织效率存在较大提升空间。

三是产能利用率总体偏低，轻中度产能过剩问题仍待化解。观察近 40 年的工业产能利用率发现，我国在 20 世纪 80 年代末 90 年代初、2008 年国际金融危机前后，以及 2013~2016 年先后三次出现偏中度的工业产能过剩。2017 年以来在供给侧结构性改革尤其是"去产能"政策作用下，我国工业整体产能利用率有所提高，2018 年全年我国工业产能利用率为 76.5%，煤炭业产能利用率为 68.5%，食品制造业为 74.3%，纺织业为 77.4%，化学原料和化学制品制造业为 72.3%，非金属矿物制品业为 69.8%，黑色金属冶炼和压延加工业为 77.7%，有色金属冶炼和压延加工业为 77.8%，通用设备制造业为 77.0%，专用设备制造业为 79.9%，汽车制造业为 77.9%，电气机械和器材制造业为 78.3%，计算机、通信和其他电子设备制造业为 80.3%。从总体看仍低于欧盟、日本、韩国等国家和地区的水平。

四是资源、生态约束依然严峻，产业发展的可持续性亟待增强。尽管我国在降低经济增长对能源的依赖方面取得了突出成果，但与国际横向对比仍然难言乐观。世界银行数据表明，20 世纪 90 年代以来，我国单位 GDP 能耗显著下降，但仍远高于世界主要经济体。重工业是能源消费的主要产业，以 2015 年为例，我国能源消费的主要产业为工业，占能源消费总量的 67.99%，其次为生活消费，交通运输、仓储和邮政业，占比分别为 11.65% 和 8.91%。其中，冶金、化工、水电气生产、石油加工等重工业能源消费合计占工业能源消费的八成以上。粗放的产业发展模式带来了严重的环境污染问题,二氧化硫、废水、烟尘等污染物的大量排放导致生态环境不断恶化,脆弱的生态环境已难以承载旧有模式下产业的高速发展,且环境的破坏具有很大的不可逆性,修复成本极高,因此构建环境友好型的产业结构势在必行,阵痛难以避免。

三、产业结构调整的驱动因素

一国的产业结构在供求因素、科技因素、资本因素、区位因素、政策因素等的共同作用下形成不同产业间的比较劳动生产率的差异,从而成为生产要素从低效率的部门流向高效率的部门的直接驱动力。

1. 供求因素

在供给方面,自然资源禀赋(如气候、土壤、动植物资源、矿产资源以及水利资源等)直接影响着产业的结构形式,国别间的自然禀赋差异也会导致产业结构的差异,但新材料能源的应用以及国际贸易的发展弱化了自然资源在产业结构体系中的制约作用。作为生产要素的主要构成之一的劳动力资源,不论是其规模和素质,还是其价格及分布,都制约着产业结构体系的形成和发展。

在需求方面,产业结构的调整受到经济周期、人口数量以及人均收入水平等需求变化的影响。从需求结构的组成要素考虑,无论是个人消费结构,还是中间需求与最终需求的比例,抑或是消费与投资的比例以及投资结构,都对产业结构产生较为明显的影响。

2. 科技因素

科技因素是推动产业结构变革的最根本因素,科学技术水平的差异决定了劳动生产率的差异,那些具有强大研发投入和吸收新技术能力的部门往往是生产率增长最快,产出增长最快的部门。科技进步通过影响需求结构导致产业结构变化。科技进步可以改善自然环境,开发新资源,形成新的比较优势,从而改变资源供给;科学技术还可以通过高等(或职业)教育和培训提高工人的素质和技术水平,改善工人的供给状况,从而促进产业结构的升级。

3. 资本因素

在经济全球化背景下，资本是产业扩张以及企业扩大再生产的重要条件，成为产业结构调整的核心驱动力。从量上看，资金积累总量、不同工业部门的资金投资偏好、资本与劳动力以及资本成本与工资水平的关系影响着资金供应量，低工资水平有利于劳动密集型的产业发展，而高资本成本则会阻碍第二、三产业的发展；从结构上看，投资总量中各个组成部分之间的内在联系及其数量比例关系即投资结构，影响产业结构调整：调整增量可以明确产业间关系，调整存量可以将存量从低效率的产业转移到高效率的产业，从而实现产业结构的优化。

4. 区位因素

区位因素从国别角度看可根据国际分工原则，发挥各国的比较优势，影响国家产业结构体系内生产要素的重新分配，从而影响其产业结构调整。同时，国际分工、国际贸易、国际投资所带来的比较优势和机会成本的变化也将导致国际产业的转移，直接或间接改变一国的产业结构。从城乡角度来看，城乡人口等比例的改变使地区内部的生产和消费结构发生变动，第三产业的经济活动相对于第一产业的土地约束和第二产业的资本约束而言更容易在城市开展。从产业结构升级的效率角度来看，原本分散的人口随着城镇化水平的提升实现了集聚，降低了城市运行中的人均能耗，从而提高城市发展的单位效率并优化城市的经济结构，从另一个角度讲，城镇化的深入也给农业集约化、规模化发展提供了可能，最终促进地区产业结构优化与升级。

5. 政策因素

政府为实现其既定的经济发展目标，通过调整产业政策以及发展战略，推动某些产业的发展，引导或加强产业结构的调整。国家政策主要包括：经济制度与体制、发展战略以及产业政策。其中，一些因素对产业结构有直接影响，如计划经济或市场经济、重工业优先发展等。农业协调、出口导向战略或进口替代战略、产业结构调整措施和产业政策等不平衡发展战略或均衡发展战略等可直接影响产业结构的形成和变化；另一些因素对产业结构有间接影响，如税收政策、金融政策、收入分配政策、人力政策、技术支持政策、环境保护政策等通过影响产业需求的其他因素间接影响产业结构变动。

第二节　中国资本市场的发展态势

中国资本市场从建立伊始，就站在经济改革和发展的前沿，经过几十年的改革和发展，中国资本市场在规模、结构、功能和对经济社会的影响力等方面都发生了根本性变化，推动了中国经济体制和社会资源配置方式的变革。

一、形成多层次股权融资市场

经过近30年的发展，中国已经初步建立了由场内市场和场外市场组成的多层次股权融资市场，其中场内市场包含主板、中小板和创业板，场外市场包括全国中小企业股份转让系统、区域性股权交易市场（新四板）、券商柜台交易市场（包括天使投资、风险投资、股权众筹等股权投资市场）。2002~2017年上市公司和投资开户数如图3-7所示。

场内市场中，主板市场分别设在上海和深圳证券交易所。主要面向大型企业、行业龙头，为进入稳定成长期的企业提供上市服务，截至2018年12月31日，沪深两地的主板上市公司有1906家。中小板市场设在深圳证券交易所，为主业突出、进入稳定成长期的中小企业提供融资服务和资本运营平台，截至2018年12月31日，中小板上市公司有922家。创业板市场设在深圳证券交易所，定位于为具有一定规模，符合"五新三高"（"五新"：新经济、新技术、新材料、新能源、新服务；"三高"：高技术、高成长、高增值）特点处于成长期的创业企业提供融资服务和资本运作平台，截至2018年12月31日，创业板上市公司有739家。截至2017年底，我国股票总市值达到567086.08亿元，是2002年股票总市值的14.79倍，成为仅次于美国的全球第二大股票市场。当年股票成交额和筹资额分别达到1124625.11亿元和16614.00亿元，分别比2002年增加40倍和17倍，如表3-2所示。

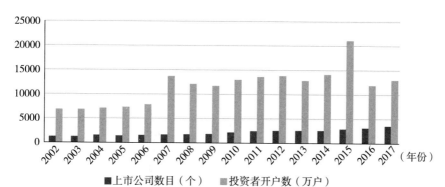

图 3-7 2002~2017 年中国上市公司和投资者开户数

表 3-2 2002~2017 年中国股票市场规模统计情况　　　　单位：亿元

年份	总股本	市价总值	流通市值	筹资金额	股票成交额
2002	5875	38329.13	12484.56	971.00	27990.46
2003	6428	42457.71	13178.52	1357.76	32115.28
2004	7149	37055.57	11688.64	1510.90	42333.97
2005	7630	32430.28	10630.52	1882.51	31663.16
2006	14898	89403.90	25003.64	5594.29	90468.91
2007	22417	327140.89	93064.35	8680.16	460556.22
2008	24523	121366.44	45213.90	3534.95	267112.64
2009	26163	243939.12	151258.65	4609.54	535986.74
2010	33184	265422.59	193110.41	12638.67	545633.54
2011	36096	214758.10	164921.30	7506.22	421649.72
2012	38395	230357.62	181658.26	1115.60	314667.41
2013	40569	239077.19	199579.54	6884.83	468728.60
2014	43610	372546.96	315624.31	8412.40	743912.98
2015	49997	531463.00	417881.00	29493.63	2550538.27
2016	48820	507985.88	393401.70	46236.51	1273844.77
2017	60919	567086.08	449298.14	16614.00	1124625.11

资料来源：中国证券股票监督委员会官网（2012~2017 年 12 月证券市场月报）。

场外市场中，有着中国版纳斯达克之称的全国中小企业股份转让系统（新三板）于 2014 年在全国范围内推开，短短一年半时间在新三板挂牌企业数量就超过沪深交易所上市公司总数。新三板"低门槛、包容性、规范性"等的一系列重大创新可以看作是资本市场改革的试验田，它承载着供给侧结构性改革的重要任务，从一定程度上缓解了大量创新型、创业型和成长型中小微企业的资本运作需求。截至 2017 年 8 月 1 日，在全国中小企业股份转让系统挂牌企业总数为 11285 家。但对于中国 8000 多万渴望借力资本平台的中小微企业来说，单靠新三板这个股权融资平台，还是远远不能解决中小微企业融资难、融资贵的问题。为了探索拓展中小微企业股权融资渠道，近年来各地陆续批设了一批区域性股权市场，2008 年 9 月，天津股权交易所作为中国国内第一家区域性股权交易所成立，2012 年《关于规范证券公司参与区域性股权交易市场的指导意见（试行）》出台，对区域性股权交易市场进行了明确定位，区域性股权交易市场是为所在行政区域内的中小微型企业提供债券、股权等融资服务的市场，由省级人民政府监管。2017 年 1 月发布的《关于规范发展区域性股权市场的通知》加大对区域性股权市场的规范力度，多省市场陆续公布本地唯一合法区域性股权交易市场，截至 2018 年 1 月，我国共有 44 家区域股权交易市场，其中 40 家已在证监会备案并认可，全国总计挂牌展示企业数量约 10.5 万家。

二、逐步完善资本市场基础制度

制度建设是决定资本市场发展的关键因素，近年来资本市场在法律制度、监管、市场开放等基础制度方面取得重大突破：

一是在法律制度方面，在资本市场的推动下，《证券法》《公司法》等一系列法律、法规的出台、完善与修订，确立了市场经济主体平等原则，塑造了适应市场经济内在要求的合格主体，推动了现代企业制度的建立和完善，也为资本市场的高效运行奠定了基础，同时也对物权法、国有资产管理、会计准则等法律规则产生了重要影响。作为资本市场基本大法的《证券法》自 2013 年启动修订以来，围绕包括完善基本交易制度、证券的发行、交易、登记、结算和退市，强化证监会及交易所的监管职责，增加执法权限和处罚力度，规范现有的资本市场规则等方面进行了长期慎重的讨论，使其贴合市场发展实际，增强资本市场对提高我国关键核心技术创新的服务能力，立法之迫切不言而喻。

二是在市场监管方面，监管部门更加注重基础性制度建设，新股发行常态化、减持新规、再融资新政、停复牌制度改革、重大违法退市规则等基础性制度建设逐步完善，有助于市场生态的改善和市场机制发挥作用。出台多项政策法规，理顺了发行、定价、配售等环节运行机制；完善了股票发审委制度，坚持选聘、运行、监察相分离，督促上市公司回归主业、严防投机炒作，提高了市场透明度，促进了资本市场健康发展。

三是在市场开放方面，以 2014 年沪港通和 2016 年深港通为标志的互联互通机制，以最小的制度成本，换取了最大的市场成效，为世界开创了全新的资本市场双向开放模式。截至 2018 年 11 月 15 日，沪港通和深港通北向（沪股通和深股通）总成交金额达人民币 8.77 万亿元，累计净流入 6148 亿元人民币；南向港股通（包括沪港通下的港股通和深港通下的港股通）总成交金额达 6.55 万亿港元，累计净流入 8128 亿港元。2017 年 6 月 21 日美国明晟公司宣布将 222 只大盘 A 股纳入全球新兴市场指数体系，2019 年 3 月 1 日，明晟公司宣布分三步增加中国 A 股在 MSCI 指数中的权重，从 5% 增加至 20%，A 股成功纳入 MSCI 指数，体现了国际投资者对我国资本市场开放水平和监管水准的认可。

第三节　资本市场影响产业结构调整的逻辑

一、作用机制

1. 甄别机制

纵观产业结构的调整历程，产业结构的演进过程实际上是一个螺旋上升的过程，即前一时期的主导产业（当时的新兴产业）不断地被后一时期的主导产业（当时的新兴产业）所取代的过程。产业的发展是一个动态优化的过程，并非当时所有的新兴产业都能发展成为主导产业，此间的甄别机制将发挥着至关重要的作用，即何种新兴产业可以发展为当时的主导产业，从而避免为没有潜力的行业投入所导致的资源与资金的大量浪费。根据罗斯托对主导产业特点的描述，其不仅是当时快速发展的行业，而且还可以通过其扩散效应推动其他行业的发展，从而促进整个经济的增长。有潜力成为现实的主导产业离不开金融资本的支撑，而且往往是在产业充分发展之前，即其价值指标还不太明显的时期就获得了资本市场的青睐。在不同的经济发展阶段，尽管主导产业各异，但它们的共同点都是当时的高增长以及技术先进的企业，资本市场使其获得资本的富集与风险的分散，通过市场的评判机制和淘汰机制，明确新兴产业的发展方向，推动新兴产业逐渐发展成主导产业，促进产业结构的调整。

2. 匹配机制

资本可以将劳动力和土地以及其他生产要素联系起来，形成现实生产力的黏合剂。"资本只有一种生活本能，这就是增值自身，获取剩余价值"。马克思认为，资本的增值性是资本不同于其他生产要素的属性，一旦资本合并形成财富的两个原始要素 —— 劳动和土地，那么就能获得扩张的能力，而这个扩张的程度取决于规模。然而在现实世界中，资本总是稀缺的。凯恩斯认为资产之所以在其生命周期内提供服务且其总价值高于初始价值，是因为其稀缺性。资本的稀缺程度会影响取得它所需要的利息水平，即资金的超额收益水平，如果资本不再稀缺，超额收益也必将减少。马克思在《资本论》中说过，资本如果有 30% 的利润，就会有人铤而走险，如果有 100% 的利润，就会有人去践踏良知，如果有 300% 的利润，资本家就会冒上绞刑架的危险。在市场机制的影响下，追求高收益率是资本逐利性的内在要求，资本将自发地从低收益率部门转移到高收益率部门，资本的逐利性使其必然具有天然的流动性，从而促进了产业结构的调整和优化。资本流动性主要取决于其自身的盈利能力以及追求行业间的资源最优配置。同时，包括金融机构、企业在内的产业部门和个人会依据预期收益最大化的原则将其货币、设备或专有技术投入到特定的产业或部门，生产经营过程中实现着资本的不断流动和周转，产生大于自身价值的价值获取高额利息和利润。

不同产业间生产规模的差异、产业间技术水平的差异、产业间生产率和盈利能力的差异以及市场结构经济体制的差异影响着资本与不同产业间的匹配关系。现代投资学认为净现值（Net Present Value，NPV）越大，投资该项目获得的收益和回报越大，而净现值是由生产率以及未来盈利能力决定的。就产业投资而言，生产率以及营利水平较高的产业往往是那些技术先进且市场前景较好的主导产业和新兴产业，它们会吸引更大的投资引导资源向主导产业和新兴产业流动，从而实现产业结构调整。根据赫尔希曼（Hirschman A）的不平衡增长理论，投资项目选择的优先次序应当建立在产业间效率的比较评估之上，从而决定项目的投资与否。马克思曾明确指出："在其他条件不变时，商品的便宜取决于劳动生产率，而劳动生产率又取决于生产规模。"规模经济的实现需要大量资金的投入，来满足产品研发、技术创新、设备更新、人力资源投入以及产品销售推广等方面的要求，只有这样才能实现工艺和对象的专业化以及劳动生产率的不断提高。虽然有些行业的收益率较高，但其投资门槛同样较高，从而造成投资能力相对较弱的资本难以进入其中。资本的流动在不同市场结构中受到的影响亦不同，生产要素在充分且完全自由的市场中可以自由地进入（或退出）某一行业，而在垄断或寡头竞争的市场结构中，资本面临着诸多壁垒，其流动性较弱，导致产业结构的调整较慢。经济体制的不同导致了资本流动性的差异：在市场起决定作用的资源配置中，生产者的逐利性驱动着经济的增长，资本自发地向高收益率的部门转移；在政府起决定作用的资源配置中，资本只能依据政策的指令进行资源的配置，从而影响产业结构的调整，但是在某些时候，政府正是通过引导资本的流向对新兴产业进行扶植。

依据现代投资学的观点，资本资产价格反映资本市场的供需状况，引导着资本在产业间的流动，引导资金向资源稀缺的产业转移，实现资源的合理配置，最终达成帕累托最优。其合理配置的前提是定价机制的市场化，即资产定价的有效性。预期回报率是资本资产价格的决定性因素，为了获取投资收益的最大化，必须将资金投到那些低投入、高产出的行业或项目，实现收益最大化的目标。无风险利率的变动导致资本的流动，无风险利率的高低是金融市场上借贷关系的一种反映，是资金供求均衡的成本。古典学派认为：储蓄的变动方向与无风险利率的变动方向一致，而投资的变动方向与其相反。于是，无风险利率主要通过调节资本的供求关系对资本流动产生影响。国际间资本流动亦受到无风险利率的影响，一国的无风险利率高于国际市场利率，资金就会流入该国，从而为产业结构的调整提供必需的资金，反之亦然。古典经济学认为，自由竞争资本主义时期，公司盈利与否取决于其投入产出比，即以最小的投入获得最大的产出，这就要求公司必须根据市场给出的投入价格进行最低成本的投入组合选择：假定只存在资本和劳动投入，根据利润最大化原则，劳动力价格相对较低且资本资产价格相对较高的企业会选择劳动密集型的生产技术作为投入，于是劳动密集型产业将更加发达，而那些劳动力的价格较高但资本资产的价格较低的企业则会选择投入资本密集型的生产技术，这样的结果是资本密集型产业得到了更好的发展。

3. 耦合机制

资本市场所具有的融资、产权界定、风险定价以及流动性四大基本功能与产业结构调整具有天然的耦合性。

资本市场作为联系和沟通资金供给与需求的纽带具有强大的融资功能，它能够最快速度地实现社会闲散资金直接向筹集企业集中，即收支盈余部门将其剩余资金配置到收支差额部门。资本市场将其融资功能内化于产业结构的增量调整，通过向产业部门中注入新的生产要素促进产业结构的调整。

资本市场的产权界定功能是产业结构调整过程中资源有效配置的基本前提。作为社会强制性制度安排的产权界定能够规范和保护各类社会经济主体行为和关系，从而维护社会生活秩序，调节社会经济运行。资本市场的产权界定功能使生产要素摆脱了物质形态的制约，既可以进行分割又可以在市场上进行各种权利的连续性交易，同时产权的清晰界定将有助于降低人们在交易过程中的成本，改进经济效率。在新制度经济学家看来，产权最重要的功能是引导人们实现外部性内在化的激励，资本市场通过产权界定使产权更加明晰且具有流动性和可交易性，从而为资源在产业间的重新配置创造了有利条件。同时产权界定还能够通过降低交易成本提高经济效率以及对产权主体进行激励约束等实现产业结构的优化与升级。

资本市场的风险定价功能为产业结构调整提供基本信号。资本市场促进产业结构调整升级的关键因素是高效的价格形成机制，在供求竞争机制以及利益风险等因素的联合作用下所形成的灵敏价格信号，即对资本资产的风险定价是一个包括历史信息、公开信息等所有相关信息在内的综合信息，能够反映资本资源的稀缺程度。通过价格形成机制及价格调节机制引导形成产业间配置资本资源的基本信号，以完成资本在不同产业间的有效配置。

资本市场的流动性功能有助于推动产业结构的存量调整。各种形式的资产借助资本市场完成向证券化的跳跃（资产证券化），证券化后的资产克服了实物资产流动的时空限制。从市场来看，在信息、资金充分流动的市场条件下，有价证券预期收益率的变化将引导资金流向高收益率的产业。从市场参与者来看，投资者进行资产组合的结果也推动了生产要素的重新配置和组合。股份制能够有效转换企业经营机制，改善公司的治理结构和约束激励机制，上市公司间的参控股、兼并、收购、托管、破产等有助于改善产业结构的微观基础，以上作用的共同结果就是资本市场引导市场资源向优势产业倾斜集中，实现产业结构的存量调整及产业组织结构的调整和优化。

4. 激励约束机制

产权清晰、权责明确、政企分开、科学管理是对现代企业的要求，资本市场为现代企业提供了天然的培养场所。企业可以通过在资本市场改制上市、明晰产权，实现所有权与经营权分离；通过企业员工持股，让核心管理者与科研人员共享创新收益，有利于形成激励长效机制。资本市场公开发行要求企业必须承担充分的信息披露义务，接受来自公司内外的监督，从而提高了公司决策的透明度和管理的科学性。这样一来，通过资本市场既能实现员工激励机制，构建适应企业发展的公司治理结构，达到制衡权力和约束内部的目的；又可以在公司治理失灵的情况下，通过发挥公司外部的监管机制，实现企业的正常发展。同时，股票价格的波动在一定程度上能够弥补投资者在企业监管中的信息匮乏，从而间接地改善企业经营管理；对于经营业绩不理想的企业，资本的逐利性将倒逼企业进行技术与服务的创新，否则将面临并购或破产的风险，对经营者来说构成了外部约束。

二、实现条件

资本市场具有优化产业结构的内在功能，而资本市场的成熟程度和开放程度是制约其功能发挥的实现条件。

1. 资本市场成熟程度

资本市场的成熟度包括资本市场的有效性和公司对其的依赖程度。资本市场的有效性理论首先由经济学家法玛提出，即如果市场证券的价格总能"完全反映"所有可用的信息，那么市场就是"有效的"。按照这一基本原理，根据可用信息反映的充分度，资本市场可以分为强式、半强式以及弱式三种市场类型。显然，强式市场是比较理想的市场状态。资本市场越发达，市场的功能就越有效，就能越准确地实施，企业和市场参与者的风险就会相对较小。资本市场在金融体系和经济中的地位决定企业对于资本市场的依赖程度的高低，在整个融资体系中，若是银行处于主体地位，就会使企业大量的融资、结算、资产管理等金融需求需要由银行来满足和实现，银行处于主导地位，企业与银行的关系更为密切；若是资本市场处于金融系统中的主导地位，企业的融资需求要靠资本市场来满足，与资本市场的关系相对较为密切。除了资本市场与企业在资金上关系表现得比较直观外，它更多地体现在公司的日常管理、业务活动及资产组合中。在资本市场依赖度较高的情况下，企业的日常经营活动、公司治理结构和信息发布将严格遵循资本市场规则。当然，在资本市场发达的市场环境中，即使是以银行为主导的金融体系，企业与资本市场之间的关系也非常密切。

2. 资本市场开放程度

资本市场开放程度是资本市场促进产业结构优化调整的另一个必要实现条件，资本市场在其产业结构的优化过程中发挥的作用与其开放的程度密切相关，这种开放的最高层次表现为资本市场对各产业的机会均等式开放、对各所有制企业的机会均等式开放和对国外资金和企业的机会均等式开放。从理论上讲，任何产业在其萌芽、壮大，最终成为主导产业的过程中可以得到资金均等支持，拥有均等发展机会。实际上并非如此，产业歧视在实践中比比皆是，特别是市场机制尚未形成的资本市场，由于过多的政府干预，导致了资本市场的不完全开放，使那些有望成为主导产业但又发展不确定的新兴产业得不到资金的支持，有时还会因形成了成熟的产品替代品，遭到成熟产业的打压。中国是以公有制为主体的经济体制，造成了资本市场事实上存在比较严重的所有制歧视，创新性企业因其私有制的身份遭到资本市场的所有制歧视。随着经济全球化的深入，各国（地区）资本市场逐渐成为全球资本市场的一分子，资本的流动范围覆盖全球，只有对外开放才能在更广阔的范围内寻求资本的最优配置，才能在全球资本市场竞争中提高自身的资源配置效率，从而得到发展壮大。同时，优秀企业可以在全球范围内寻求更利于其自身发展的资本市场，而封闭的资本市场只会阻碍资本以及优秀企业在全球范围内的流动，导致资本市场的效率低下，并最终限制资本市场促进产业结构调整功能的实现。

综上所述，生产要素在供求因素、科技因素、资本因素、区位因素、政策因素等的共同作用下从低效率的部门流向高效率的部门，带来产业结构的优化与升级。在这些产业结构的驱动因素中,资本因素无疑是关键的因素。
资本市场的甄别机制使有未来发展潜力的新兴产业获得资本的富集与风险
的分散,从而明确新兴产业的发展方向,推动新兴产业逐渐发展成主导产
业,带来产业结构的调整;资本市场的匹配机制将资本与劳动力和土地以及
其他生产要素联系起来,形成现实生产力的黏合剂,通过资本在不同产业
间的流动,实现资源的合理配置,最终达成帕累托最优;资本市场的耦合机
制将资本市场的融资、产权界定、风险定价以及流动性四大基本功能融合
于产业结构调整的各个阶段以及增量与存量调整过程中;资本市场的激励约
束机制使作为市场主体的企业形成产权清晰、权责明确、政企分开、科学
管理的现代企业制度,为产业结构调整提供微观支撑。有效性和开放性是
资本市场影响产业结构调整的实现条件,资本市场越发达、市场的功能越
有效,企业和市场参与者的风险就会相对越小,产业结构调整的成本就会
相对越低;资本市场在金融体系和经济中的地位决定企业对于资本市场依赖
程度的高低;资本市场能够发挥对产业结构调整的促进作用与其开放程度密
切相关,这种开放的最高层次表现为资本市场对各产业的机会均等式开放、
资本市场对各所有制企业的机会均等式开放、资本市场对国外资金和企业
的开放。资本市场影响产业结构调整的逻辑框架如图 3-8 所示。

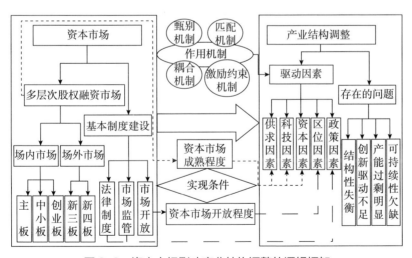

图 3-8 资本市场影响产业结构调整的逻辑框架

第四节　本章小结

　　本章从现实和逻辑两个层面分析资本市场对产业结构调整的影响。我国产业结构总体呈现高级化演进趋势，第三产业逐渐成长为国民经济主导产业，三次产业内部结构趋于优化，新产业、新动能不断涌现，受区域发展政策影响，产业空间布局呈现明显的阶段性特征。已经形成包含场内市场和场外市场在内的多层次股权市场，资本市场在法律制度、监管、市场开放等基础制度方面取得重大突破。产业结构在供求因素、技术因素、资本因素、区位因素、政策因素等的共同驱动下不断进行调整，金融资本的配置结构对整个产业配置结构具有决定性意义。资本市场的产权界定功能为资源在产业间的有效配置提供了基本前提；资本市场的风险定价功能能够为产业结构升级提供基本导向；资本市场的流动性功能有助于促进产业组织结构的优化，实现产业结构的存量调整。资本市场通过甄别机制、匹配机制、耦合机制、激励约束机制影响产业结构调整，资本市场的成熟程度和开放程度是产业结构优化的必要实现条件。

第四章 中国产业结构调整水平评价

产业结构调整评价问题一直以来受到学界的广泛关注，构建科学有效贴近中国现实的产业结构调整评价指标体系、选择合理且易于操作指标权重设置方法是其中的关键问题。本章探索尝试在对产业结构调整评价维度进行拓展的基础上，设计符合中国实际的产业结构调整评价体系，进而对全国产业结构调整水平以及省域产业结构调整水平进行具体测算与分析。

第一节 产业结构调整评价维度的拓展与指标设计

产业结构调整和经济增长是一个并发过程，产业结构调整评价的理论依据可以从经济的大道定理中得到重要启示（李博、胡进，2008），即最优经济增长是均衡增长与非均衡增长相交替的过程，其中既包括经济本身的因素，还包括诸如社会制度、国际时局、技术进步、人口和资源等其他因素。产业结构调整的最优路径由图4-1中箭头标出，从初始点 A 先移动至大道 I，这是产业结构合理化、高度化的过程，沿大道 I 经济均衡增长一段时期后，由于某些条件的影响，最优均衡增长路径变为大道 II，大道 II 同样是产业结构合理化、高度化的过程，但是大道 I 和大道 II 并不是直接相通的，存在着弯曲大道 III，此时经济在弯曲大道上是一种非均衡的增长过程，当实现了向大道 II 的转换后，又恢复均衡增长。事实上，由于产业间的关联密切，使得某个产业不可能完全实现独立超前发展，发展较慢的产业会产生瓶颈效应制约发展较快的产业，但同时发展较快的产业也会对发展较慢的产业起到拉动作用（前向效应和旁侧效应）。我们需要关注的是这种趋同实现的快慢并不是由产业结构的合理化、高度化决定的，其中必然存在其他因素使各产业在增速趋同过程中的摩擦减少和协调度提升。产业结构调整所导致的经济从一种均衡向另一种均衡的过渡时间（即弯曲大道的长短）实际上是由旧的产业均衡发展状态被打破之后，产业间的趋同机制能在最短时间内发挥作用所决定。

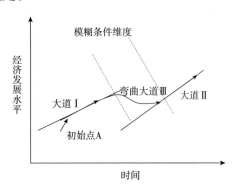

图 4-1　大道定理下的产业结构调整演进路线

由此可以看出，产业结构调整不是一蹴而就的，而是在均衡与非均衡之间转换进行的动态过程，产业结构调整不能仅看产业结构的合理化、高度化，还应评价产业结构调整在弯道中的状态与过程，以往仅以合理化、高度化来衡量产业结构调整就显得过于单一，所以必须要引入新的评价维度来丰富产业结构调整的评价内涵。

一、产业结构调整合理化

1. 合理化的理论阐释

在前面文献综述环节，各国学者对产业结构调整合理化进行了大量多角度的阐释，不再赘述。本书认为产业结构合理化是指一个国家或地区，各产业产值、产业所占资源比例（自然资源、人力、资金）、产业地位等方面的配置状况以及各产业构成的整个产业系统与其经济发展目标的适应性，这种适应性应能够带来生产效率提升、经济增长、充分就业以及国民福祉的提升等。在厘清产业结构合理化核心概念的基础上对其外延特征的梳理有助于加深认识，其外延特征是：

（1）系统性及相对性。产业结构调整无论从产业本身还是从整个国民经济来看都是一个复杂的系统工程，不仅产业间、各产业内部形成特定系统，产业结构合理必须与其他各部分有机协调共同构成整个国民经济的完整巨系统；对此系统的衡量亦具有相对性，这种相对性体现在时间和空间上，在不同的经济发展阶段和经济体中，我们对于其产业结构调整合理化的评价标准不是也不应该是唯一的，应从实际出发从多维度估算各产业部门供需结构非均衡的程度，即产业结构调整的合理化程度。

（2）协调性。协调性是衡量产业结构合理性与否的最关键指征，协调性不仅体现在三次产业以及产业内部的比例相互适应的静态指标上；还体现在各产业以及各产业之间增长与发展速度相互协调的动态过程中；同时还反映在各产业部门的联系、变动和流向要符合经济发展一般规律以及向产业结构高级化演变提供必备条件的质态属性中；最终，产业结构的协调归根结底是产业结构调整的经济效率的高与低，我们称之为产业结构的自组织能力，即一个协调性好的产业结构调整其中必然存在某种能使经济资源自由流动的机制，从而自动熨平产业间供求失衡以实现各产业协调发展。

（3）动态渐进性。在供需因素、技术革命、社会环境和制度的共同作用下，产业结构合理化必然是一个动态、渐进的过程。实现人力、物力、财力、知识等资源在产业间的合理配置和有效利用，产业结构内部各要素间必会出现"竞争—协同—竞争—协同"的态势，而在其资源核心转换过程中也必然经历"不合理—合理—不合理—合理"的过程。

2. 合理化的评价指标

从产业协调发展水平、资源配置效率水平、能源利用水平三个方面衡量产业结构调整的合理化。其中，产业协调发展水平选择 Hamming 贴近率、资源配置效率水平选择资源配置效率指数、能源利用水平选择能源消费弹性系数。

C1：Hamming 贴近率描述的是第一、二、三产业结构与钱纳里学说中的三次产业结构模式的贴近程度。

$$T_h = 1 - \frac{1}{3} \sum_{i=1}^{3} |S_i^d - S_i^r| \qquad (4-1)$$

其中，S_i^d（i=1，2，3）代表某一区域中各产业的产值与总产值的比例，S_i^r（i=1，2，3）代表钱纳里三次产业结构模式中各产业的产值与总产值的比例。

C2：资源配置效率指数用来描述经济增长过程中的资源利用状况，说明产业结构对资源配置的效果。可用哈罗德—多马模型估算。

$$E = \frac{\theta}{\varepsilon} \qquad\qquad （4-2）$$

其中，E 为资源配置效率；θ 为投资增长率；ε 为经济增长率。

C3：能源消费弹性系数用来衡量能源消费增长速度与国民经济增长速度之间的比例关系。

二、产业结构调整高级化

1. 高级化的理论阐释

产业结构高级化是指在产业创新的基础上实现产业结构由低级到高级的演进，包括不同产业规模占比此消彼长、产业结构联系由松到紧，产业结构向着高附加值、高技术化、高服务化、高集约化方向发展的动态过程。产业结构高级化的内容主要包括：

（1）产品结构高级化。表现为产品品类中初级品比重降低，中间产品、最终产品比重提升；劳动密集型产品比重降低，资本密集、技术密集、知识密集型产品比重提升；老产品、一般产品迅速被新产品替代。

（2）劳动力结构高级化。不仅表现为第一次、第二次、第三次产业的劳动力比重不断加大、技术工人对普通工人的比重不断加大、脑力劳动相对体力劳动的比重不断加大，还表现为劳动力结构调整的灵活性增强，劳动力联动和结构转换效率提高。

（3）信息及技术水平高级化。产业结构高级化最显著的特征是信息及技术水平的高级化，以信息产业为代表的高科技凭借其覆盖面广、渗透力强、引导力强等能够带来工农业产出增长、劳动生产率提升，在此过程中投入了更少的自然资源产出了更为丰富的物质产品和文化产品。原有的以钢铁、石油化工、汽车为主导的产业正被信息、通信、生命科学与生物工程、新材料与新能源等新兴产业所替代。

（4）产业结构逐渐软化。产业结构软化是一个由以传统物质生产为关联的硬件产业结构向以新兴知识技术为关联的软件产业结构转变的过程。在此过程中，原本隶属于第一产业、第二产业的行业分工被剥离进入第三产业，从而满足精细化、智能化、模块化的产业结构调整需求，呈现"经济服务化"特征。同时，产业结构软化也意味着在产业结构调整进程中，各产业对信息、技术、知识以及服务等"软要素"的依赖程度加深。

2. 高级化的评价指标

从非农产业效率水平、工业对经济的贡献水平、现代服务业发展水平、科技发展水平四个方面衡量产业结构调整的高级化。其中非农产业效率水平选择非农产业劳动生产率、工业对经济的贡献水平选择工业贡献率、现代服务业发展水平选择第三产业拉动率、科技发展水平选择研发投入强度。其中：

C4：非农产业劳动生产率是城市非农产业的生产技术水平、经济管理水平、职工技术熟练程度和劳动积极性的综合表现，用非农产业增加值与非农产业从业人员的比值表示。

C5：工业贡献率用来衡量工业发展状况，用第二产业在国民经济总量中所占的比重表示。

C6：第三产业拉动率用来衡量第三产业对经济增长的促进作用，用第三产业对生产总值增长的拉动比值表示。

C7：研发投入强度说明科技投入的力度大小，用科学技术支出占政府公共财政支出的比重来衡量。

三、产业结构调整国际化

1. 国际化的理论阐述

产业结构调整不可能也不应该在一个封闭的经济环境中完成，各国企业只有在全球范围内有效地整合、配置和利用国内外创新资源，以提高产业创新体系的运行效率和质量，才能从根本上提升本国的产业结构水平和国际竞争力。从这个角度来看，产业结构调整本身就是一个开放性、国际化的系统行为。产业结构调整国际化的实质，是突破国界的限制，吸收、利用和整合全球各类资源，集成创新活动所需要的各种要素输出高水平的技术成果，从而实现产业整体的升级，甚至产生新的产业。

本书试图构建产业结构调整的国际化模型，演绎产业结构调整过程中不同组织个体的跨国行为活动、组合过程以及结果，如图4-2所示。在开放的经济社会环境中，人力、资本、知识、物力等打破了国家的边界（虚线）限制实现了跨国流动（刘云、杨湘浩，2012）；各国高校、研究院所形成的跨国知识网络和政府、中介机构等组成的跨国社会服务网络为各国企业的创新活动提供了知识技术的交互服务，推动了企业创新活动的开展和深化。在此国际化环境中，主导企业通过识别其核心业务，将不重要的业务环节外包分离，精简组织机构从而解决其由于冗员导致的组织反应迟钝、创新效率低下的问题；而当企业出现外部环境改变时，可以通过价值链重组等与承包商共担风险，提高企业的灵活性。这种跨国创新主体之间的交互与竞争大大提升了创新活动的质量和效率，其全球化的筛选和淘汰机制将缩短从研发到商用化的时间，并且可以通过某些企业或企业群的带动实现产业升级，甚至演化出新的产业，这是一种开放式的、国际化的产业创新过程。这种创新过程带有显著的全球性，各种创新元素的交互和流动不仅仅局限于本国创新网络之内，其合作对象、范围及内容得到了极大的扩展和深化。需要注意的是，当前贸易保护主义抬头，同时由于受到社会制度、文化传统、知识产权保护等因素的影响，产业结构调整国际化面临了一些挑战，但是在全球创新网络逐渐形成的背景下，评价和分析产业结构调整的国际化水平仍具有重要意义。

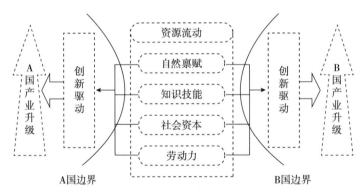

图 4-2　产业结构调整国际化示意图

2. 国际化的评价指标

产业结构国际化可以从贸易和投资两个方面来衡量，其中贸易国际化选择对外贸易依存度、投资国际化选择外商投资吸引力。

C8：对外贸易依存度在一定程度上反映一国的经济发展水平以及参与国际经济的程度，用进出口总额占国民生产总值或国内生产总值的比值来表示。

C9：外商投资吸引力，用实际利用外资额与国内生产总值的比值来表示。

四、产业结构调整普惠性

1. 普惠性的理论阐释

解放和发展社会生产力，是社会主义的本质要求。在产业结构调整升级中要激发全社会创造力和发展活力，努力实现更高质量、更有效率、更加公平、更可持续的发展。据此，本书将普惠性纳入产业结构调整的评价维度的理论逻辑是，进行产业结构调整追求经济增长的效率不能以丧失受众的基本公平为代价；产业结构调整的受众个体所在地区、家庭、教育、身心等禀赋的差异具有客观性，产业结构的合理调整应该兼顾不同群体间的分配与再分配。

如果说合理化、高级化、国际化衡量的是产业结构调整过程中投入与产出效率的话，那么普惠性就是界定产业结构调整中的公平性问题。产业结构调整的普惠性依据不仅体现在西方经典理论中，也能从我国传统的儒家学说中找到源头。效率与公平是经济伦理的核心问题，西方经济领域将公平与效率的关系归纳为三类——矛盾论、并重论和统一论。矛盾论者认为，两者存在相互对立和替代的关系，实践中必须以其中一方为优先方面，其中效率优先论的代表人物哈耶克强调初次分配应以效率为标准，再分配以公平为标准；公平优先论的代表人物罗尔斯强调公平在经济社会任何阶段都居于首要位置，不能为了效率而牺牲公平。并重论的代表人物阿瑟·奥肯认为公平与效率都是经济发展的主要目标，不存在两者谁更优先的问题。统一论者认为公平和效率之间存在辩证统一的关系，既相互矛盾又相互统一，在一定条件下两者相互制约此消彼长（和军，2018）。马克思、恩格斯从唯物史观的角度指出"任何社会公平都不是抽象的、绝对的和永恒不变的，而是具体的、相对的和历史的，现代意义上的公平原则是从商品关系普遍发展的客观要求中产生出来的，始终只是现存经济关系的或者反映其保守方面、或者反映其革命方面的观念化的神圣化的表现，关于永恒公平的观念不仅因时因地而变，甚至也因人而异"。《礼记·礼运》中写道：大道之行也，天下为公。故人不独亲其亲，不独子其子；使老有所终、壮有所用，矜、寡、孤、独、废疾者皆有所养。故外户而不闭，是谓"大同"。曾康霖（2016）从经济学伦理与史学层面对经济金融领域的公平性进行了阐释，并在伦理学范畴内运用政治经济学分析范式对普惠性进行了深入的剖析：从政治经济学的视角来看，个体间要素禀赋的不一致会导致不同群体间利益的差异，因而会出现转移支付政策来维护弱势群体生存和发展；从伦理学的视角来看，推崇适者生存和丛林法则的传统达尔文主义是不讲普惠的，但会导致弱势群体对抗与反弹，最终造成群体间严重对立和社会经济崩溃，从而阻碍了经济效率的提升。

2. 普惠性的评价指标

产业结构调整的普惠性水平可以从社会保障水平和社会共享水平两个方面来衡量。其中，社会保障水平选择城镇基本医疗参保率、城镇失业保险参保率；社会共享水平选择每万人在校大学生数、每万人医生数、每万人绿化面积。

C10：城镇基本医疗参保率表明群众接受基本社会医疗服务的水平，用基本医疗参保人数与区域总人数的比值表示，这里的基本医疗包含新农合的人数。

C11：城镇失业保险参保率可以从一个侧面反映社会对失业人口提供救助的覆盖面，用城镇失业保险参保人数与城镇总人数的比值表示。

C12：每万人在校大学生数。

C13：每万人医生数。

C14：每万人绿化面积分别说明产业结构调整所带来的社会公平与共享程度。

五、指标体系的合理性检验

基于上述产业结构调整维度与指标的设计，得到产业结构调整评价指标体系，为了使其结构清晰，便于理解和使用，整理如表4-1所示。

表4-1　产业结构调整的评价指标体系

目标层	准则层	标准层	指标层	编号
产业结构调整水平评价A	产业结构合理化B1	产业协调发展水平	Hamming贴近率	C1
		资源配置效率水平	资源配置效率指数	C2
		能源利用水平	能源消费弹性系数	C3
	产业结构高级化B2	非农产业效率水平	非农产业劳动生产率	C4
		工业对经济贡献水平	工业贡献率	C5
		现代服务业发展水平	第三产业拉动率	C6
		科技发展水平	研发投入强度	C7

目标层	准则层	标准层	指标层	编号
产业结构调整水平评价 A	产业结构调整的国际化水平 B3	贸易国际化水平	对外贸易依存度	C8
		投资国际化水平	外商投资吸引力	C9
	产业结构调整的普惠水平 B4	社会保障水平	城镇基本医疗参保率	C10
			城镇失业保险参保率	C11
		社会共享水平	每万人在校大学生数	C12
			每万人医生数	C13
			每万人绿化面积	C14

1. 信度检验

信度即为可靠性，它反映了测量方法对同一对象重复测量时所得结果的一致性，能够表征测量工具的可靠程度。本章采用苑泽明等（2015）的方法，使用 α 系数来检验指标的信度，如式（4-3）所示，α 系数是 0~1 的数，高于 0.7 说明信度满足要求，数值越大表明信度水平越高。

$$\alpha = \frac{K}{K-1}\left(1 - \frac{\sum S_i^2}{S^2}\right) \qquad (4-3)$$

其中，K 为评价指标的数量；S_i^2 为第 i 个指标的方差；S_2 为总得分的方差。

本章就所设计的指标依据李克特量表将选项从指标非常有效到非常无效设置为五个量级，向十位专家进行指标信度咨询，运用 SPSS19.0 进行信度分析处理，最终计算出的 α =0.726，表明选取指标达到信度要求较为可靠。

2. 效度检验

效度即有效性，是测量到的结果反映所想要考察内容的程度，测量结果与要考察的内容越吻合，则效度越高。对内容效度的检验，本书参考鲁倩和贾良定（2007）的方法来衡量指标的效度，通过公式（4-4）计算：

$$CV = \frac{N_i - N/2}{N/2} \qquad (4-4)$$

其中，N_i 表示调查专家中认为指标很好地表达评价内容的人数；N 表示调查的总人数。在调查的十位专家中，有九位专家认为指标体系可以较好地实现评价目的，CV =0.8 满足内容效度要求。

第二节　基于主客观的评价指标权重设置

由于权重的确定对于多指标综合评价结果的科学合理性具有重要的影响，因此对于产业结构调整的综合评价而言，权重确定是整体研究的核心，显得尤为重要。代表性的主观赋权法有 AHP 法、G1 法和 BWM 等，属性权重是由决策专家根据经验主观判断而得到，体现的是属性指标自身的重要性程度，一般不受属性取值的影响；代表性的客观赋权法有熵权法、DEA 法、基尼系数赋权等，属性权重由各属性的实际数值计算得到，一般是依据该属性在被评价对象上的区分度计算得到，属性权重受属性的数值影响，稳定性弱于主观权重，一般会随着被评价对象的变化而变化，且一般不能直接反映属性自身的重要性。从兼顾主观权重和客观权重的优点这个角度出发学者们开始研究两者的赋权依据，从某种意义上讲，评价指标权重的大小应该看实际问题的政策导向。从这一方面讲，评价指标的主观权重就更加符合评价主体的主观意愿，也更加重要一些。但是在某些特殊情况下，评价的一个重要的应用就是被评价对象的有效区分。为了突出被评价对象之间的区分度，客观权重又是必须的，所以主客观权重的组合也是必须的。

一、主观权重的确定

本章采用层次分析法（AHP）进行主观权重设定。层次分析法是由美国匹茨堡大学教授萨蒂于 20 世纪 70 年代初提出的一种系统分析方法，它将与决策有关的元素分解成目标、准则、方案等层次，在此基础之上进行定性和定量分析。

层次分析法中比例标度的意义见表 4-2，运用层次分析法确定各个评价指标（和积法）的基本步骤如下：

表 4-2　层次分析法中比例标度的意义

标度值	两个因素相比，一个因素比另一个因素的重要程度
1	同样重要

续表

标度值	两个因素相比，一个因素比另一个因素的重要程度
3	稍微重要
5	明显重要
7	强烈重要
9	绝对重要

注：2，4，6，8为上述相邻判断的中值；若 A_i 与 A_j 比较得 a_{ij}，则 A_i 与 A_j 相比的 $a_{ji}=1/a_{ij}$。

首先，确定初始判断矩阵，并将判断矩阵的每一列进行规范化处理：一般来说，层次分析法可以先根据表 4-2 中的 1~9 的比例标度，来比较各个因素之间的相对重要度，得到各个因素之间的相对重要程度比较判断矩阵 $B=(b_{ij})_{n \times n}$。然后，将判断矩阵每一列进行规范化处理，规范化处理的规则如下：

$$\overline{b_{ij}} = \frac{b_{ij}}{\sum_{j=1}^{n} b_{ij}}, \quad i, j=1, 2, \cdots, n \tag{4-5}$$

由此，可以得出判断矩阵 $A=(a_{ij})_{n \times n}$。

其次，将规范化处理后的判断矩阵的每一行相加，可以得到向量 $\overline{W}=(\overline{w_1}, \overline{w_2}, \ldots, \overline{w_n})^T$，即：

$$\overline{w_i} = \sum_{i=1}^{n} \overline{b_{ij}}, \quad i, j=1, 2, \cdots, n \tag{4-6}$$

再次，将得到的向量 $\overline{W}=(\overline{w_1}, \overline{w_2}, \ldots, \overline{w_n})^T$ 再次进行规范化处理，规范化处理规则如下：

$$w_i = \frac{\overline{w_i}}{\sum_{i=1}^{n} \overline{w_i}} \tag{4-7}$$

由此，可以得到所求的特征向量 $W=(W_1, W_2, \cdots, W_n)^T$，这个特征向量也就是该层次各个指标的权重向量。

最后，计算判断矩阵的最大特征根 λ_{max}。

$$\lambda_{max} = \sum_{i=1}^{n} \frac{(BW)_i}{nw_i} \tag{4-8}$$

需要依据判断矩阵的最大特征根值，来求得一致性检验指标 CI 的值。比照表 4-3 中的 RI 值，可以计算相应的一致性比率 CR。

$$CI = \frac{\lambda_{max} - n}{n - 1} \qquad CR = \frac{CI}{RI} \qquad\qquad (4-9)$$

表 4-3　重复计算 1000 次的 RI 表

n	1	2	3	4	5	6	7	8	9	10	11	12
RI	0.00	0.00	0.52	0.89	1.12	1.26	1.36	1.41	1.46	1.49	1.52	1.54

CR 称为一致性比率。当 CR<0.1 时，可以认为层次单排序的结果有满意的一致性，否则，需要对判断矩阵中各元素的取值进行重新调整。

本章研究邀请了十位产业经济领域的专家依据比例标度对各指标重要性进行背对背评价，得到十份相对重要程度的比较判断矩阵，再按照上述步骤进行计算，得到了基于合理化、高级化、国际化、普惠性的产业结构调整评价体系的各指标权重，如表 4-4 所示。

表 4-4　产业结构调整评价指标的主观权重

目标层	准则层	标准层	指标层	编号	权重
产业结构调整水平评价 1.00	产业结构合理化 0.3479	产业协调发展水平	Hamming 贴近率	C1	0.2269
		资源配置效率水平	资源配置效率指数	C2	0.0756
		能源利用水平	能源消费弹性系数	C3	0.0454
	产业结构高级化 0.4012	非农产业效率水平	非农产业劳动生产率	C4	0.0309
		工业对经济贡献水平	工业贡献率	C5	0.1235
		现代服务业发展水平	第三产业拉动率	C6	0.1852
		科技发展水平	研发投入强度	C7	0.0617
	产业结构调整的国际化水平 0.1491	贸易国际化水平	对外贸易依存度	C8	0.0614
		投资国际化水平	外商投资吸引力	C9	0.0877
产业结构调整水平评价 1.00	产业结构调整的普惠水平 0.1081	社会保障水平	城镇基本医疗参保率	C10	0.0322
			城镇失业保险参保率	C11	0.0268
		社会共享水平	每万人在校大学生数	C12	0.0161
			每万人医生数	C13	0.0214
			每万人绿化面积	C14	0.0054

二、客观权重的确定

本章采用熵权法计算客观权重。在信息论的基本原理中，能够用熵来度量无序程度，利用信息熵获得的客观熵权并不表示指标在实际意义上的重要性系数，而是各指标在竞争意义上的激烈程度系数，它依评价对象的取值不同而有所变化。熵权法能够有效解决产业结构评价指标信息量大、量化难的问题，从而准确反映产业结构调整评价指标的信息量。

设 V_{ij}（$i=1，2，\cdots，m$；$j=1，2，\cdots，n$）为第 i 个系统的第 j 个指标的观测数据，对于给定 j、V_{ij} 的差异越大，则该项指标对系统的作用就越大，也就是该指标包含和输送的信息越多，用熵权法确定指标权重需要计算各个指标的熵值，设 e_i 为第 i 个指标的熵值，则熵值 e_i 的计算过程如下所示：

$$f_{ij} = \frac{V_{ij}}{\sum\limits_{i=1}^{n} V_{ij}} \qquad （4-10）$$

$$e_i = -\frac{1}{\ln(n)} \sum\limits_{i=1}^{n} f_{ij} \ln(f_{ij}+1) \qquad （4-11）$$

其中，f_{ij} 为第 i 个系统中第 j 个指标的特征比重；V_{ij} 为第 i 个系统的第 j 个指标的观测数据（$i=1，2，\cdots，m$；$j=1，2，\cdots，n$）；$\sum V_{ij}$ 为第 j 个指标的所有系统观测数据之和。接下来就可以计算各个指标的熵权，设 μ_j 为第 j 个评价指标的熵权，则该指标的熵权系数 μ_j 可以定义为：

$$\mu_j = \frac{1-e_i}{m - \sum\limits_{i=1}^{m} e_i}，i=1，2，\cdots，m \qquad （4-12）$$

基于上述步骤进行计算，得到了产业结构调整指标的 2004~2016 年每一年度的客观权重，为了节省篇幅，仅将 2016 年的权重列示如表 4-5 所示。

表 4-5 产业结构调整评价指标的客观权重（2016 年）

目标层	准则层	标准层	指标层	编号	权重
产业结构调整水平评价 1.00	产业结构合理化 0.3479	产业协调发展水平	Hamming 贴近率	C1	0.0648
		资源配置效率水平	资源配置效率指数	C2	0.0648
		能源利用水平	能源消费弹性系数	C3	0.0651

续表

目标层	准则层	标准层	指标层	编号	权重
产业结构调整水平评价 1.00	产业结构高级化 0.4012	非农产业效率水平	非农产业劳动生产率	C4	0.0646
		工业对经济贡献水平	工业贡献率	C5	0.0647
		现代服务业发展水平	第三产业拉动率	C6	0.0653
		科技发展水平	研发投入强度	C7	0.0677
	产业结构调整的国际化水平 0.1491	贸易国际化水平	对外贸易依存度	C8	0.0716
		投资国际化水平	外商投资吸引力	C9	0.0665
	产业结构调整的普惠水平 0.1018	社会保障水平	城镇基本医疗参保率	C10	0.0677
			城镇失业保险参保率	C11	0.0268
		社会共享水平	每万人在校大学生数	C12	0.0161
			每万人医生数	C13	0.0214
			每万人绿化面积	C14	0.0054

考虑到基于层次分析法的主观权重确定是一个跨年度的整体权重，与每年度的客观权重并不匹配，故采用脚标比值法对上述每年的时间权重赋权，再对其求和，从而得到可以跨年度使用的客观权重，如表4-6所示。

表4-6 产业结构调整评价指标的客观权重

目标层	准则层	标准层	指标层	编号	权重
产业结构调整水平评价 1.00	产业结构合理化 0.3479	产业协调发展水平	Hamming 贴近率	C1	0.0648
		资源配置效率水平	资源配置效率指数	C2	0.0660
		能源利用水平	能源消费弹性系数	C3	0.0651
	产业结构高级化 0.4012	非农产业效率水平	非农产业劳动生产率	C4	0.0657
		工业对经济贡献水平	工业贡献率	C5	0.0651
		现代服务业发展水平	第三产业拉动率	C6	0.0663
		科技发展水平	研发投入强度	C7	0.0687
	产业结构调整的国际化水平 0.1491	贸易国际化水平	对外贸易依存度	C8	0.0706
		投资国际化水平	外商投资吸引力	C9	0.0666

目标层	准则层	标准层	指标层	编号	权重
产业结构调整水平评价1.00	产业结构调整的普惠水平0.1018	社会保障水平	城镇基本医疗参保率	C10	0.0673
			城镇失业保险参保率	C11	0.0681
		社会共享水平	每万人在校大学生数	C12	0.0663
			每万人医生数	C13	0.0668
			每万人绿化面积	C14	0.0656

三、综合权重的确定

综合权重的确定参照薛黎明等（2015）介绍的方法，如式（4-13）所示，得到主客观的综合权重如表4-7所示。

$$a_i = \frac{w_i v_i}{\sum_{j=1}^{n} w_j v_j} \tag{4-13}$$

表4-7　产业结构调整评价指标的综合权重

目标层	准则层	标准层	指标层	编号	权重
产业结构调整水平评价1.00	产业结构合理化0.3479	产业协调发展水平	Hamming贴近率	C1	0.2221
		资源配置效率水平	资源配置效率指数	C2	0.0753
		能源利用水平	能源消费弹性系数	C3	0.0447
	产业结构高级化0.4012	非农产业效率水平	非农产业劳动生产率	C4	0.0307
		工业对经济贡献水平	工业贡献率	C5	0.1235
		现代服务业发展水平	第三产业拉动率	C6	0.1852
		科技发展水平	研发投入强度	C7	0.0617
	产业结构调整的国际化水平0.1491	贸易国际化水平	对外贸易依存度	C8	0.0614
		投资国际化水平	外商投资吸引力	C9	0.0877
	产业结构调整的普惠水平0.1018	社会保障水平	城镇基本医疗参保率	C10	0.0322
			城镇失业保险参保率	C11	0.0268
		社会共享水平	每万人在校大学生数	C12	0.0161
			每万人医生数	C13	0.0214
			每万人绿化面积	C14	0.0054

第三节 产业结构调整指数生成与分析

根据本章上述设置的指标，选取2004~2016年度全国和31个省份（不含香港、澳门、台湾）数据样本为研究对象，所有的指标数据及其原始数据均来自《中国统计年鉴》和各个省份的统计年鉴，对于缺失的数据根据在其他所有对象取值的平均值进行填充。

一、指数生成

1. 全国指数

由于原始指标单位不同，必须要对其进行无标准化处理。在计算全国指数时，为了使全国各个年份间的数据横向可比，本书采用线性化比例变换方法对原始数据进行标准化，应用公式为：

$$\overline{a_{ij}} = \frac{a_{ij}}{a_i} \times 100 \tag{4-14}$$

其中，a_{ij}为全国在某一年的某个指标值；i为指标数，代表第1到第14个指标；j为年份，代表2004~2016年其中的一年；则a_i为全国2004年的第i个指标的取值（本书以2004年全国各个指标数据为基础）；$\overline{a_{ij}}$为标准化后第j年第i个指标值。

上部分得到的指标权重w_i与标准化后的指标数值a_{ij}的乘积即为我国产业结构调整指数。需要特别说明的是，根据式（4-14）计算出来的产业结构指数只是一个侧重于纵向时间或者横向区域之间比较的相对指数，用来说明在所分析的时期或区域之间产业结构调整的差距。

我国产业结构调整指数如表4-8所示，此数据可以看出我国产业结构调整在观测期间的趋势以及各年度间的差异情况。结果显示，从总体趋势上看我国产业结构调整状态持续向好，2016年较之于2004年整体提高了近四分之一，但是期间仍有波动，在2005~2006年出现了负增长，2006~2011年的增长速度小于2011~2016年的增长速度。

表4-8　2004~2016年中国产业结构调整指数（ISAI）

年份	产业结构调整指数	年份	产业结构调整指数
2004	100.00	2011	109.62
2005	97.85	2012	112.77
2006	98.46	2013	115.11
2007	100.23	2014	119.70
2008	101.90	2015	122.76
2009	104.81	2016	126.01
2010	107.64	—	—

资料来源：历年《中国统计年鉴》。

2. 省域指数

在计算省域指数时，为了使省域间的数据纵向可比，本章也采用线性化比例变换方法对原始数据进行无量纲化处理，应用公式为：

$$\overline{a_{ij}} = \frac{a_{ij}}{a_i} \times 100 \tag{4-15}$$

其中，a_{ij}为某个省在某一年的某个指标值；i为指标数，代表第1到第14个指标；j为年份，代表2004~2016年其中的一年；则a_i为北京市2004年的第i个指标的取值（本书以2004年北京市各个指标数据为基础）；$\overline{a_{ij}}$为标准化后某个省份第j年第i个指标值。

我国省域产业结构调整水平指数如表4-9所示，此数据可以看出不同年份不同区域之间的趋势以及差异情况。

表4-9　2004~2016年我国省域产业结构调整指数

年份	2004	2006	2008	2010	2012	2014	2016
安徽省	93.30	75.62	104.52	111.36	94.91	103.76	129.72
北京市	100.00	113.01	117.60	137.74	142.76	147.57	152.31
福建省	117.72	86.06	124.28	119.42	108.47	117.44	136.53
甘肃省	97.43	76.36	102.55	101.53	108.70	97.27	96.26
广东省	139.37	127.81	140.58	140.45	136.72	144.65	163.86

续表

年份	2004	2006	2008	2010	2012	2014	2016
广西壮族自治区	118.61	114.26	116.59	113.24	102.57	100.20	106.95
贵州省	77.46	102.82	93.56	104.44	110.75	113.78	125.90
海南省	80.61	92.57	100.40	121.25	88.66	87.44	114.00
河北省	89.72	74.55	83.41	86.46	84.17	85.91	128.53
河南省	80.93	68.55	86.79	88.65	81.73	73.39	127.66
黑龙江省	92.26	76.98	98.38	108.25	105.55	92.05	110.92
湖北省	108.22	83.46	118.53	111.43	103.69	122.76	137.53
湖南省	97.77	106.65	120.08	120.76	111.20	118.55	134.94
吉林省	106.75	118.04	122.07	116.88	102.12	93.55	136.31
江苏省	112.43	106.23	127.98	134.32	135.38	142.95	153.98
江西省	109.10	95.18	120.85	120.93	96.02	112.71	153.44
辽宁省	136.50	119.08	128.41	143.61	124.73	104.86	109.41
内蒙古自治区	129.66	113.35	118.64	115.79	99.94	103.47	136.17
宁夏回族自治区	97.39	99.94	133.79	135.64	115.76	102.66	134.01
青海省	119.39	114.03	99.09	102.82	89.23	87.65	111.70
山东省	96.11	75.18	97.91	105.22	104.36	108.55	148.69
山西省	85.67	85.06	110.76	121.71	99.87	97.00	96.96
陕西省	83.77	92.77	105.79	102.18	97.01	94.92	126.97
上海市	164.16	151.21	162.36	159.90	130.44	140.77	171.65
四川省	116.85	112.59	118.39	117.18	103.71	112.15	143.39
天津市	136.99	133.03	150.32	174.81	165.92	162.17	154.22
西藏自治区	69.69	74.94	78.95	80.88	104.42	102.08	105.46
新疆维吾尔自治区	105.89	87.44	100.49	95.18	106.56	103.11	111.00
云南省	96.63	99.05	113.48	128.23	110.54	95.67	113.71
浙江省	118.07	135.62	128.74	155.89	119.12	111.98	159.13
重庆市	79.32	97.39	101.70	116.81	143.73	137.83	168.85

　　为了更好地说明产业结构评价指标中合理化、高级化、国际化、普惠性四个维度的年度间趋势以及区域间差异情况，还可用上述方法计算各维度指数，由于篇幅所限，这里仅列出2004年、2016年我国省域产业结构调整各维度指数，如表4-10所示。

表4-10　2004年、2016年我国省域产业结构调整各维度指数

维度	合理化		高级化		国际化		普惠性	
	2004年	2016年	2004年	2016年	2004年	2016年	2004年	2016年
安徽省	107.61	122.93	59.37	132.91	25.55	89.31	17.15	15.05
北京市	100.00	132.78	100.00	135.28	100.00	105.10	100.00	97.86
福建省	120.52	125.49	70.13	114.39	69.98	54.08	24.96	26.24
甘肃省	111.03	90.03	61.89	96.12	27.42	9.43	20.45	15.79
广东省	112.75	129.96	91.56	140.05	127.48	77.43	32.86	59.91
广西壮族自治区	144.25	100.20	76.60	105.87	20.56	18.12	15.45	10.57
贵州省	66.73	113.20	80.05	116.91	15.67	45.76	11.71	11.93
海南省	60.29	68.49	35.45	102.38	109.91	99.05	25.34	33.01
河北省	82.80	121.66	71.26	98.88	37.18	40.01	22.39	45.90
河南省	86.32	117.92	59.49	103.46	23.29	62.81	14.04	16.72
黑龙江省	87.24	94.81	58.72	90.80	43.82	57.70	40.82	26.91
湖北省	121.21	127.95	56.71	117.11	52.84	45.06	26.81	29.49
湖南省	110.79	126.94	59.17	107.74	34.15	58.85	20.47	23.82
吉林省	114.19	118.11	66.09	96.69	35.09	90.49	37.42	37.38
江苏省	70.83	131.82	81.37	131.53	121.73	63.81	37.40	43.90
江西省	106.92	128.97	74.84	124.46	61.31	83.69	18.57	20.58
辽宁省	132.83	111.17	63.71	74.96	105.65	32.64	52.81	41.26
内蒙古自治区	124.62	150.79	101.77	93.59	44.18	31.00	33.79	32.65
宁夏回族自治区	77.91	128.90	92.11	112.39	38.34	16.34	24.95	52.51
青海省	97.09	122.55	106.09	89.71	61.03	15.95	25.10	14.27
山东省	56.29	145.62	85.74	108.71	88.39	45.27	27.00	54.16
山西省	48.78	119.33	101.26	41.77	33.15	39.50	28.17	25.73
陕西省	76.56	132.33	63.97	90.38	32.44	40.36	30.21	30.86

续表

维度	合理化		高级化		国际化		普惠性	
	2004 年	2016 年	2004 年	2016 年	2004 年	2016 年	2004 年	2016 年
上海市	90.99	92.91	131.50	187.39	143.28	138.71	95.87	65.17
四川省	129.75	128.38	81.99	131.41	30.07	39.16	20.09	32.48
天津市	83.19	109.24	97.46	134.35	132.37	96.42	73.47	55.76
西藏自治区	28.42	107.52	107.19	106.17	11.02	2.14	17.35	4.07
新疆维吾尔自治区	126.54	120.10	56.82	87.08	19.98	12.93	40.04	25.31
云南省	104.96	118.21	73.17	103.12	20.02	15.74	16.68	6.86
浙江省	73.21	132.56	97.36	127.02	114.65	73.29	32.88	63.37
重庆市	80.54	133.85	51.52	134.55	36.79	98.33	21.28	60.91

二、结果分析

1. 横向比较

从省域间的横向比较来看，以 2016 年为例，东部省份产业结构调整指数较高，中部省份次之，西部地区产业结构调整指数较低，如图 4-3 所示。

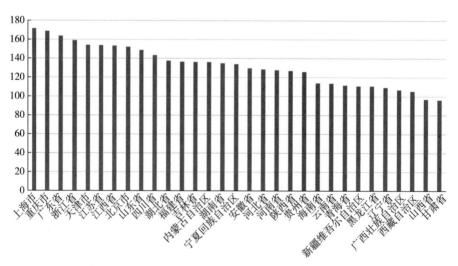

图 4-3 2016 年各省份产业结构调整指数

从图 4-3 可以看出，上海产业结构调整指数最高，重庆、广东、浙江、天津等省市紧随其后。整体来看，西部地区产业结构调整指数整体较低，由此可见，我国目前产业结构仍存在着区域不平衡的特点。

2. 纵向比较

从时间维度的纵向发展来看，各省份产业结构调整指标基本上随着年份逐渐增长。如图 4-4 所示，各个省份产业结构调整指标几乎都随着年份增长而增长，这和我国经济实力不断增强息息相关。探求我国产业结构存在区域不平衡性的原因，相对而言，主要有以下几点：西部地区资本缺乏、技术落后、没有先进经验引导、不具备良好的对外贸易条件，等等。这些问题导致了西部地区产业结构的不合理；在东部沿海地区，人员来往频繁，又具有较高消费水平，这成为东部沿海地区发展第二产业与第三产业的原动力，东部沿海地区在国家政策的支持与引导下，产业结构得到调整优化。

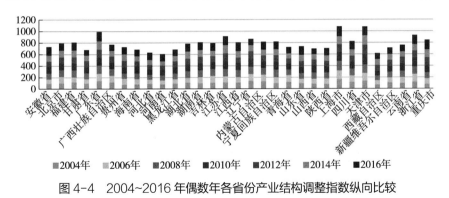

图 4-4　2004~2016 年偶数年各省份产业结构调整指数纵向比较

3. 合理化维度比较

产业结构合理化是指一个国家或地区，各产业产值、产业所占资源比例（自然资源、人力、资金）、产业地位等方面的配置状况以及各产业构成的整个产业系统与其经济发展目标的适应性，这种适应性应能够带来生产效率提升、经济增长、充分就业以及国民福祉的提升等。由图 4-5 可知，内蒙古、山东、重庆等地的产业结构调整比较合理。

从各地产业结构合理化提升的幅度来看，北上广提升幅度不大，中西部地区部分城市提升幅度较大。2004~2016 年提升幅度最大的省份有江苏、陕西、山东、浙江、山西、重庆、西藏等，均超过 50%，而广西、辽宁、甘肃、新疆出现了下滑，其余省份都有不同程度的改进，北京、上海、广东在产业结构合理化中的变化幅度远不及其经济增长的体量，如图4-6所示。

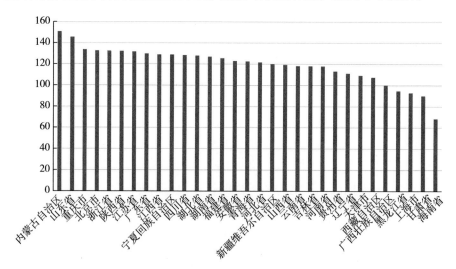

图4-5 2016年各省份产业结构合理化指数

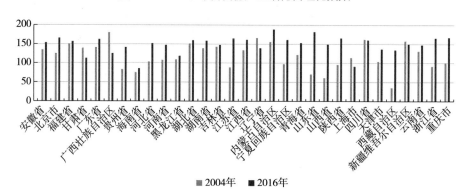

■ 2004年 ■ 2016年

图4-6 2004年和2016年各省份产业结构合理化指数

4. 高级化维度比较

在产业结构高级化方面，2016年上海一枝独秀，广东、北京、重庆、天津紧追其后，而落后的地区主要集中在西部地区，因为东部地区第三产业比较发达，对经济的拉动能力比较强，服务效率也比较高，与其相比，西部资源有限，产业结构高级化较弱（见图4-7）。

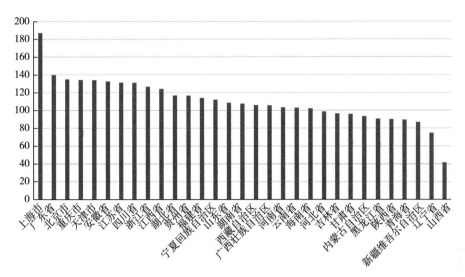

图 4-7　2016 年各省份产业结构高级化指数

从各地产业结构高级化提升的幅度来看，云南、四川、陕西、湖南、海南、重庆在 13 年中进步明显，但是山西、内蒙古却出现了倒退。产业结构高级化主要考察的是第三产业对经济的拉动能力和服务效率，科技投入也在其中发挥重要作用，山西、内蒙古的退步恰恰说明往日的资源、农牧业大省在产业结构调整中的困境（见图 4-8）。

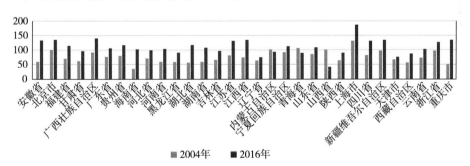

图 4-8　2004 年和 2016 年各省份产业结构高级化指数对比

5.国际化维度比较

在产业结构的国际化方面，全国各省份的极差非常明显，如图 4-9 所示，东部地区的产业结构的国际化水平明显高于西部地区。

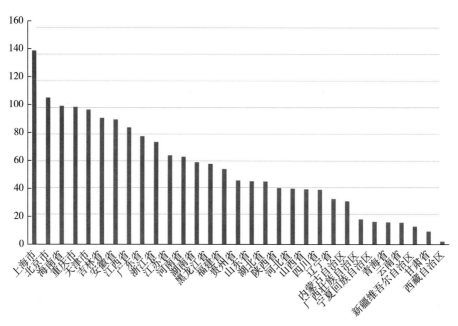

图4-9 2016年各省份产业结构国际化指数

　　在产业结构国际化提升方面,福建、甘肃、广东、海南、湖北、江苏、辽宁、内蒙古、宁夏、青海、山东、上海、天津、浙江等地国际化水平13年来出现下降,少数省市上升,可见产业调整国际化依旧具有挑战,如图4-10所示。

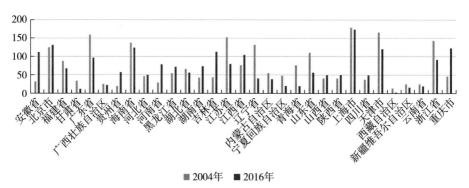

■ 2004年 ■ 2016年

图4-10 2004年和2016年各省份产业结构国际化指数对比

6. 普惠性维度比较

在产业结构普惠性方面,东部地区普惠程度较高,西北、西南地区仍是普惠程度发展落后的地区，如图 4-11 所示。

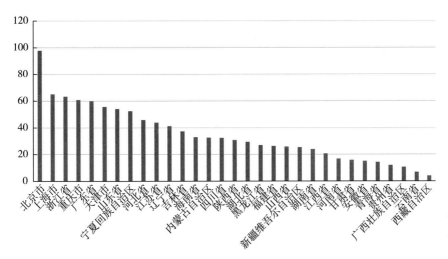

图 4-11 2016 年各省份产业结构普惠性指数

产业结构普惠性的提升幅度方面，全国各省份的产业结构调整普惠性方面 13 年来都得到了不同程度的改善，尤以重庆、山东、浙江、宁夏等地提升效果最为明显，如图 4-12 所示。

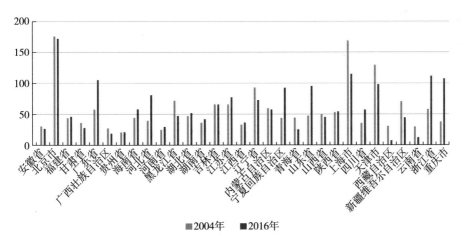

■2004年 ■2016年

图 4-12 2004 年和 2016 年各省份产业结构普惠性指数比较

第四节　本章小结

本章在常用的产业结构调整合理化、高级化的基础维度上，拓展出产业结构调整的国际化和普惠性两个新维度，并依据此构建由 4 个维度、14 个指标组成的产业结构调整水平指标体系，将主客观的权重选择方法加权考虑，在融入时间因素的基础上设计了一个能够反映区域产业结构整体发展水平的多变量综合评价方法，对收集到的 2004~2016 年的数据进行测算，得出近年来我国及省域产业结构调整指数，并将该指数从上述四个维度分别研究分析我国及各地区产业结构调整水平的趋势及差异。

从时间角度纵向比较来看，各省份产业结构调整指标基本上是随着年份逐渐增长，这也和我国经济实力不断增强息息相关。从空间角度横向比较来看，北上广及其附近地区产业调整指标较高，排名靠前的地区均在这些区域，而西北地区产业结构调整状况不够理想，我国目前产业结构仍存在着区域不平衡的特点。探求我国产业结构存在区域不平衡性的原因：相对而言，西部地区资本缺乏、技术落后、没有先进经验引导、不具备良好的对外贸易条件，等等。这些问题导致了西部地区产业结构的不合理；在东部沿海地区，人员来往频繁，又具有较高消费水平，这成为东部沿海地区发展第二产业与第三产业的原动力，东部沿海地区在国家政策的支持与引导下，产业结构得到调整优化。

在产业结构合理化方面，2004~2016 年提升幅度最大的省份有江苏、陕西、山东、浙江、山西、重庆、西藏等，均超过 50%，而广西、辽宁、甘肃、新疆出现了下滑，其余省份都有不同程度的改进，北京、上海、广东在产业结构合理化中的变化幅度远不及其经济增长的体量。在产业结构高级化方面，2016 年上海一枝独秀，广东、北京、重庆、天津紧追其后，而落后的地区主要集中在西部地区，云南、四川、陕西、湖南、海南、重庆在 13 年中进步明显，但是山西、内蒙古却出现了倒退。在产业结构的国际化方面，全国各省份的极差非常明显，东部地区的产业结构的国际化水平明显高于西部地区。在产业结构普惠性方面，东部地区的普惠程度较高，西北、西南地区仍是普惠程度发展落后的地区。

第五章　资本市场发展水平对产业结构调整的影响

中国资本市场从建立伊始，就站在中国经济改革和发展的前沿，经过几十年的改革和发展，中国资本市场在规模、结构、功能和对经济社会的影响力等方面都发生了根本性变化，推动了中国经济体制和社会资源配置方式的变革。可以说资本市场的出现和发展，支撑着不同阶段的中国产业发展战略，见证了中国产业结构的动态演化过程。

近些年来，空间计量被广泛地应用于高速铁路与城市经济增长（谌丽等，2017）、信息化与产业结构调整（荼洪旺、左鹏飞，2017）、城乡收入分配失衡调整（李建伟，2017）等领域，但应用于区域金融的研究并不多见，李林等（2011）采用空间计量分析方法对金融集聚与区域经济增长的空间效应进行了分析，程翔等（2018）使用空间计量方法研究影响区域金融发展水平的因素及其特性。但是上述研究缺乏将地理信息系统与空间计量经济学方法联合应用于资本市场与产业结构的空间相关性和回归分析的研究。

本章采用探索性空间统计技术中的自然断点法对我国区域产业结构调整水平、资本市场发展水平进行分类，并通过 ArcGIS 软件以地图形式进行可视化呈现；分别运用全局 Moran's Ⅰ 指数和局部 Moran's Ⅰ 指数以及冷热点等对产业结构调整水平进行空间全局自相关检验和空间局部自相关检验；使用全局性空间计量模型分别对我国资本市场发展水平对产业结构的影响进行考量。

第一节　空间计量理论与方法

Paelinck 于 20 世纪 70 年代首先提出了空间计量经济学思想，后经 Anselin 等学者的不断丰富，拓展形成了今天空间计量经济学的研究框架。近年来得益于地理信息学手段的升级和地理信息数据的丰富，空间计量经济学受到广大学者的关注，并将其广泛应用于具有"相邻效应""同伴效应""溢出效应""网络效应"的经济活动研究中。较之于其他计量经济学，空间计量经济学的最大特色是充分考虑横截面样本之间的空间依赖性。所谓空间依赖性是指地理空间上的某一经济活动或属性并不独立存在，而是与邻接地区的空间单元经济活动相关，即经济活动存在空间自相关性。将原来的横截面或是面板数据加入空间信息形成空间数据后，使原来传统的计量方法失效，由此推动了空间计量分析方法的进步。进行空间计量分析的主要工作是判断变量是否存在空间自相关，而这是进行空间计量分析的前提，另两项重要的工作分别是对空间权重矩阵的设置以及空间计量模型的选择。

一、空间自相关

空间自相关用来研究某一空间单位经济活动与其他空间单位经济活动的相关性以及关联程度的大小，只有首先得到数据间存在空间相关性即做出空间自相关判断后，才能使用空间计量方法。空间自相关可以分为正空间自相关和负空间自相关，高值和高值聚集或者低值和低值聚集称之为"正空间自相关"，低值和高值相邻或是随机分布则是"负空间自相关"。空间自相关检验可分为全局空间相关性检验和局域空间相关性检验，莫兰指数是进行全局空间相关性检验最为流行的方法。全局莫兰指数（Global Moran's I）的计算公式如下：

$$I = \frac{\sum_{i}^{n} \sum_{j}^{n} w_{ij}(x_i - \bar{x})(x_j - \bar{x})}{s^2 \sum_{i} \sum_{j} w_{ij}}, \quad S^2 = \frac{1}{n} \sum (x_i - \bar{x})^2 \qquad (5-1)$$

其中，x 为各单位上的观察值；n 为空间单位数；$x = \frac{1}{n}\sum x_i$；w_{ij} 为空间权重，有多重定义标准，以邻接矩阵为例，如果 i 区域和 j 区域边界相接，那么 $w_{ij}=1$，否则 $w_{ij}=0$。

全局 Moran's I 指数取值范围为［-1，1］。当 Moran's I 为正且通过显著性检验，会出现高—高集聚或低—低集聚分布，其值越大空间相关性越强；反之，Moran's I 为负且通过显著性检验，会出现低—高集聚或高—低集聚的离散分布，其值越小空间差异性越大；当 Moran's I =0，观测值无空间相关性呈随机分布。

全局空间自相关检验考察了整体空间的经济单位聚集情况。但如果考察某区域附近的空间集聚情况，度量这一区域与周边区域之间的空间差异程度及显著性，则要采用局域空间自相关性分析（LISA），常用的是局部 Moran's I 指数、Geary's C 指数和 Getis-Ord G_i^* 等，其中 Getis-Ord G_i^* 指数能够凸显探索性空间统计技术在图像呈现方面的优势，其计算公式如下：

$$G_i^*(d) = \frac{\sum_{j=1}^{n} W_{ij}(d)\, x_j}{\sum_{j=1}^{n} x_j} \tag{5-2}$$

其中，x_j 为各区域样本观测值；W_{ij} 为空间权重矩阵，采用邻接标准确定；n 为研究区域单元总数。为便于解释与比较，将 $G_i^*(d)$ 进行标准化，得到式（5-3）：

$$Z(G_i^*) = \frac{G_i^* - E(G_i^*)}{\sqrt{Var(G_i^*)}} \tag{5-3}$$

其中，$E(G_i^*)$ 和 $Var(G_i^*)$ 分别表示 G_i^* 的均值和变异数。

若 $Z(G_i^*)$ 值通过显著性检验且大于 0 时，表明高值区域 i 被其他同样表现为高值的区域包围，出现高值空间集聚即"热点区"；反之，当 $Z(G_i^*)$ 值通过显著性检验且小于 0 时为负，表明低值区域 i 被其他同样表现为低值的区域包围，出现低值空间集聚即"冷点区"。显著性水平在 5% 水平下的正负值对应热点和冷点，显著性水平在 10% 水平下的正负值对应次热点和次冷点。

二、空间权重矩阵

空间权重矩阵用来衡量研究对象间的空间关联性，体现出区域间的空间影响方式，是空间计量中的核心环节。对于空间数据 $\{x_i\}_{i=1}^n$，若 w_{ij} 表示为区域 i 和区域 j 之间的距离，那么空间权重矩阵可表示为：

$$W = \begin{bmatrix} w_{11} & \cdots & w_{1n} \\ \vdots & \ddots & \vdots \\ w_{n1} & \cdots & w_{nn} \end{bmatrix} \tag{5-4}$$

空间互动依赖关系的不同决定着不同空间权重矩阵的设计，进而影响了模型估计结果。目前学者们较早使用的是空间邻接矩阵，这种矩阵设计简单易行，但是仅考虑地理邻近忽略了组织邻近可能会产生更大的空间相互影响，于是慢慢发展出了地理距离矩阵、经济距离矩阵以及引力模型矩阵。

三、空间计量模型

空间数据在通过空间自相关的显著性检验后，应考虑将空间效应纳入建立空间计量模型进行分析。最基本的空间计量模型为空间自回归模型和空间误差模型两种基本形式，随后发展出了空间杜宾模型。

1. 空间自回归模型

空间自回归模型（Spatial Autoregression Model，SAR）与时间序列的自相关模型相似，主要考察被解释变量在某一区域是否具有溢出效应，即某一区域个体经济行为对相邻区域经济行为所产生的效应。其一般模型可表示为：

$$y = \lambda Wy + X\beta + \varepsilon \tag{5-5}$$

其中，y 为 $n \times 1$ 列的被解释变量向量，即为空间序列 $\{y_i\}_{i=1}^n$；X 为 $n \times k$ 阶外生解释变量矩阵，包括 k 列解释变量，而 β 为 $k \times 1$ 阶回归系数向量；W 为已知的 $n \times n$ 空间权重矩阵（非随机），即为 n 个区域相互关系的网络结构；W_y 为空间滞后因变量；λ 为空间自回归系数（或者空间滞后回归系数），用来刻画空间依赖性，度量空间滞后 W_y 对 y 的影响，λ 的取值为 [−1，1]，表明相邻区域之间的影响程度；ε 为随机误差序列向量。

2. 空间误差模型

当区域之间的相互作用因所处的相对地理空间不同而存在差异，空间依赖性需要通过误差项来体现，从而测度邻近区域因变量的误差冲击对本地因变量的影响程度，此时需要采用空间误差模型（Spatial Error Model，SEM）。其模型可表示为：

$$y = X\beta + \mu \tag{5-6}$$

其中，

$$\mu = \rho W\mu + \varepsilon, \quad \varepsilon \sim N\ (0,\ \sigma^2 I_n) \tag{5-7}$$

式（5-6）和式（5-7）表明，扰动项 μ 存在空间依赖性，即不包含在 X 中但对 y 有影响的遗漏变量具有空间相关性。ρ 为空间误差回归系数，表示某区域变量变化对相邻区域的溢出程度。式（5-6）和式（5-7）构成的模型本质上是把一个区域间溢出因素纳入线性模型的误差结构中。

3. 空间杜宾模型

若被解释变量的空间自相关性需要同时通过解释变量的空间滞后项来传导，即某一区域被解释变量除了依赖邻近区域的被解释变量还要依赖于邻近区域的自变量，此时应选用空间杜宾模型（Spatial Durbin Model，SDM）。其模型可表示为：

$$y = \lambda Wy + X\beta + WX\delta + \varepsilon \tag{5-8}$$

其中，$WX\delta$ 为来自邻近区域自变量的影响，其中空间矩阵 WX 为纳入模型中的空间滞后解释变量；δ 为回归系数向量，意味着邻近地区自变量对这一地区因变量的影响。

4. 空间计量模型的筛选

实际应用中在上述空间计量模型中进行甄选进而得到合理的空间计量模型是保证后续分析科学的前提。在大量学者的研究推动下，空间计量模型的判断标准主要有两个：一是通过模型残差的拉格朗日乘子 LM 以及其稳健性（Robust LM）的显著性来判断；二是利用拟合优度 R^2、自然对数似然函数值 LogL、似然比率 LR、AIC、SC 来判断模型的拟合效果。

第二节 资本市场发展水平评价

本书第二章对本书研究的资本市场进行了界定，本书中的资本市场为中国股票市场，特指股票场内交易市场。在以往的文献资料中，学者们对如何衡量资本市场的发展状况有着诸多不同的争议与看法，构建了不同的资本市场发展水平评价体系。本书参考陈刚等（2003）、李国旺等（2004）、严武和王辉（2012）等的研究成果，从指标选取的科学性、权威性、整体性、层次性、数据易获取性及可操作性等方面考虑，选取涉及资本市场的六个指标构建资本市场发展水平评价体系，运用层次分析法设置各个指标权重，最终得到2004~2016年全国和省域资本市场发展指数。

一、评价指标选择

为了评价一个地区资本市场的发展程度和运行效率，需要选择合适的评价指标。从不同的要素角度来评价区域资本市场有很大的区别，也会对研究的结果产生很大的影响。以往对于资本市场发展评价指标的研究集中在设置单一总体性指标和构建指标体系两个方面。单一的总体性指标多为证券化率（股票总市值与该国国民生产总值的比率）、证券筹资占银行贷款增加额的比例、证券筹资占固定资产投资的比例、证券交易印花税占财政收入的比例。这些指标列示了资本市场在当期国民经济中的比重，反映了资本市场的总体发展程度。在构建资本市场评价指标体系方面，陈刚等（2003）从资本市场规模指标（资本市场融资额、资本成本）和结构指标（资本市场依存率和直接融资与间接融资的比例），李国旺等（2004）从资本市场规模指标、流动性指标和融资率指标综合评价资本市场发展。

上述评价指标无论是单一的总体型指标还是复合型指标对于评价一个独立的、完整的经济区域比较可行，全国性的统计数据也比较完整，但用来评价省域的资本市场发展差异就比较困难。基于此，本书在借鉴学者们以往研究的基础上从资本市场规模、结构、流动性、上市公司、中介机构、投资者等六个方面进行指标选取，如表5-1所示。选取的标准要求对区域资本市场作用显著，能够充分反映空间分布差异，数据能够在现有条件下取得并相对完整、可靠。具体而言：

（1）资本市场规模用上市公司总市值占国内生产总值比重表示，即区域上市公司总市值占本国或地区生产总值的比例，反映这一国家或地区上市公司对国内生产总值的贡献度。

（2）资本市场结构用股票投资占固定资产投资比重表示，即地区年度股票筹资额与年度固定资产投资额之比，该指标反映股票筹资对地区投资的大小，反映股票筹资的贡献程度。

（3）资本市场流动性用股票交易周转率表示，即某一段时期内的成交量/发行总股数的百分比，反映这一国或地区资本市场交易的活跃程度。

（4）上市公司数量用区域辖内的上市公司数表示，反映该地区对企业上市的支持程度。

（5）中介机构数量用辖区内的证券公司数表示，反映该区域中介市场的繁荣程度。

（6）投资者数量用每10万人投资者数量表示，反映地区投资者的密集与活跃程度。

表 5-1　资本市场发展水平的评价指标

目标层	准则层	指标层
资本市场发展水平（CMDI）	资本市场规模	上市公司总市值占国内生产总值比重 N1
	资本市场结构	股票投资占固定资产投资比重 N2
	资本市场流动性	股票交易周转率 N3
资本市场发展水平（CMDI）	上市公司	辖内的上市公司数 N4
	中介机构	辖内的证券公司数 N5
	投资者	辖内每10万人投资者数量 N6

二、指标权重设定

层次分析法的原理与主要步骤在第四章有详细阐述，将层次分析法用于对中国资本市场进行多目标、多准则、多时期等的系统评价主要是由于中国资本市场没有明显的结构特性，较难设置较多的评价维度和指标，该方法对数据维度要求不高，且专家打分的方法更能反映研究的意图，不失为一种简洁、有效的方法。本书研究邀请了十位专家（这十位专家中有五位来自高校相关专业、三位来自政府机关、两位来自证券市场实务部门）依据比例标度对资本市场各指标重要性进行背对背评价，得到十份相对重要程度的比较判断矩阵，再按照上述步骤进行计算，得到了我国省域资本市场评价体系的各指标权重，如表5-2所示。

表5-2　资本市场发展水平评价指标的权重（层次分析法）

目标层	准则层	指标层	权重
资本市场 发展水平 （CMDI）	资本市场规模	上市公司总市值占国内生产总值比重 N1	0.2975
	资本市场结构	股票投资占固定资产投资比重 N2	0.2069
	资本市场流动性	股票交易周转率 N3	0.1283
	上市公司	辖内的上市公司数 N4	0.1882
	中介机构	辖内的证券公司数 N5	0.0494
	投资者	辖内每10万人投资者数量 N6	0.1296

三、资本市场发展指数测算

1. 全国指数

资本市场发展水平的6个指标中涉及的原始数据来自《中国统计年鉴》《中国金融年鉴》以及锐思定制数据。我们考察了我国2004~2016年6个指标的变化情况，每一个指标有13个观察值，这些数据的描述性统计分析如表5-3所示，其中，"辖内上市公司数""辖内证券公司数"以及"辖内每10万人投资者数量"在各年中逐步增长，其中2007年和2015年增长得最快，可能与当年资本市场的牛市相关。"上市公司总市值占国内生产总值的比重""股票投资占固定资产投资的比重"以及"股票交易周转率"在整个观察期内存在波动。

由于原始指标单位不同，沿用第四章的线性化比例变换方法对原始数据进行标准化处理。运用上述测算方法和表5-2确定的2004~2016年我国资本市场发展水平权重可以测算出2004~2016年我国资本市场发展指数，测度结果具体如表5-4所示。结果显示，从总体趋势上看我国资本市场发展指数呈现增长态势，最高年份 2015 年较之于 2004 年整体提高接近 1 倍，但是各个年度间的起伏比较大，在 2007~2009 年以及 2013~2015 年呈现出高速增长态势，并在 2010 年、2016 年出现回落，这与我国股票市场的牛市、熊市的涨跌行情不谋而合。

表 5-3　全国资本市场发展评价维度指标的描述性统计量

相关指标	上市公司总市值占国内生产总值比重	股票投资占固定资产投资比重	股票交易周转率	辖内上市公司数	辖内证券公司数	辖内每 10 万人投资者数量
平均值	0.544	0.015	1.636	2018	326.923	1.037
标准差	0.261	0.007	0.715	584.845	79.213	0.732
最大值	1.212	0.032	3.745	3052	445	1.48
最小值	0.172	0.007	0.857	1287	142	0.352
变异系数	0.479	0.505	0.437	0.290	0.242	0.367
观察数	13	13	13	13	13	13

表 5-4　2004~2016 年我国资本市场发展指数（CMDI）

年份	资本市场发展指数	年份	资本市场发展指数
2004	100.00	2011	130.24
2005	102.14	2012	135.72
2006	108.17	2013	137.46
2007	115.98	2014	154.56
2008	125.99	2015	190.45
2009	130.34	2016	165.77
2010	128.67	—	—

2. 省域指数

我国省域层面（31 个省份及直辖市）2004~2016 年的 6 个指标变化情况，每年每一个指标共有 31 个观察值，出于篇幅考虑，本章只给出了 2016 年我国各省份资本市场发展的相关维度指标的描述性统计量，具体如表 5-5 所示。还需要说明的是，每个指标中所有省份的原始数据均来自国家统计局《中国统计年鉴》《中国金融年鉴》及各省份统计年鉴。

沿用前述章节介绍的指数生成步骤，对我国2004~2016年省域资本市场发展水平进行测度，用资本市场发展指数来衡量各省域资本市场的发展程度和趋势，结果如表5-6所示，需要说明的是选择北京2004年各个指标作为基数进行分析。

表5-5　2016年省域资本市场发展评价维度指标的描述性统计量

相关指标	上市公司总市值占国内生产总值比重	股票投资占固定资产投资比重	股票交易周转率	辖内上市公司数	辖内证券公司数	辖内每10万人投资者数量
平均值	0.0221	0.0521	2.4895	90.5807	12.0000	9351
标准差	0.0346	0.1097	0.7549	99.2305	21.7523	0.6492
最大值	0.1671	0.6070	3.9292	424.0000	92.0000	12548
最小值	0.0014	0.0000	0.7201	10.0000	0.0000	2373
变异系数	1.5658	2.1054	0.3032	1.0955	1.8127	1.0376
观测值	31	31	31	31	31	31

资料来源：原始数据来源于《中国统计年鉴》《中国金融年鉴》及各省份统计年鉴。

表5-6　2004~2016年中国省域资本市场发展指数

省份	2004	2006	2008	2010	2012	2014	2016
安徽省	19.53	21.92	22.83	14.08	11.04	17.88	19.06
北京市	100.00	148.97	149.72	146.75	145.38	149.32	131.97
福建省	30.32	40.46	33.98	32.60	29.41	37.87	39.78
甘肃省	24.67	27.57	19.28	15.91	24.87	20.22	28.10
广东省	103.93	95.16	87.42	89.75	108.23	75.01	108.82
广西壮族自治区	15.14	13.92	4.71	5.54	5.73	6.34	8.87
贵州省	12.00	8.06	4.22	2.48	4.64	8.60	9.73
海南省	29.99	38.79	17.20	17.84	23.61	18.63	31.41
河北省	26.46	35.56	21.42	16.00	20.60	17.42	19.90
河南省	24.47	23.80	15.83	12.41	24.18	13.51	18.21
黑龙江省	26.92	38.62	19.20	20.56	21.34	21.47	21.26
湖北省	21.22	31.60	21.76	15.87	20.72	16.92	20.16
湖南省	20.81	26.32	20.50	18.99	21.41	23.91	16.46

续表

省份	2004	2006	2008	2010	2012	2014	2016
吉林省	31.60	56.40	28.70	24.68	27.35	25.50	32.88
江苏省	40.89	48.36	43.65	53.06	64.86	54.52	79.30
江西省	20.44	23.11	13.94	12.03	17.59	11.76	15.35
辽宁省	102.12	65.62	43.00	41.27	42.56	40.67	35.42
内蒙古自治区	39.45	53.97	27.29	25.93	41.38	28.93	36.57
宁夏回族自治区	24.13	43.56	20.97	21.39	26.18	24.61	22.31
青海省	25.09	38.02	24.13	20.53	23.68	25.37	26.62
山东省	27.79	48.57	34.67	32.39	55.97	33.80	37.22
山西省	57.69	62.02	24.47	25.10	28.67	18.12	26.91
陕西省	24.87	34.47	31.50	25.34	27.27	30.88	29.05
上海市	96.99	88.93	92.61	89.86	79.04	82.27	84.33
四川省	34.26	37.10	28.60	27.37	41.95	38.62	30.81
天津市	53.35	71.63	49.83	49.11	52.87	53.07	40.51
西藏自治区	32.47	36.23	28.58	25.58	28.08	29.86	28.79
新疆维吾尔自治区	28.74	39.39	17.25	20.82	32.61	21.58	19.90
云南省	18.05	9.04	7.84	5.38	4.61	4.60	4.63
浙江省	54.78	73.28	63.40	72.18	76.01	87.64	113.38
重庆市	28.11	32.27	20.85	19.78	26.52	30.70	14.75

四、结果分析

从总体上看，北京、广东、浙江等三省份资本市场发展指数的增长速度较快，辽宁、山西两省资本市场发展指数呈明显的下降态势，其他各省份的波动不太明显，这就形成了一个明显的极化特征，而形成资本市场发展不均衡的原因可能是资本市场的特殊区域资源禀赋以及历史机遇的偶然性，使其对周边资源（尤其是上市公司资源）的吸附率先形成增长极或极核，同时也能从这些地区经济发展水平的波动中找到答案，以辽宁为代表的老工业基地以及以山西为代表的资源型省区的艰难转型使无论是信贷资源还是直接融资均在近些年呈现出断崖式的下降。具体而言：

一是"三跑并存"的态势依旧。当前，我国资本市场发展分布呈现"三跑并存"的态势，一些资金资源丰富、金融活动活跃的地区如北京、广东、浙江成为资本市场发展的"领跑者"；部分发展较快的地区，也正由"跟跑者"变为"并跑者"；但是，也有少数地区依旧处在追赶阶段，其"追赶者"的角色没有改变。整体上看，东部仍然是资本市场最发达和活跃的地区，中西部地区相对偏弱，且排名变化较大。地区之间的分化趋势开始显现。更重要的是，领跑地区的优势呈现进一步扩大的趋势。

二是发展方式仍需进一步探索。在经济转型压力不断加大、人口红利逐渐消失、资源环境约束趋紧的情况下，传统的投资驱动发展模式越来越难以为继，资源型省份在转型发展过程中也面临巨大压力。从排名变化情况看，近年来辽宁、山西排名变化幅度较大，甚至出现连年下滑的情况，传统的依靠要素驱动、投资驱动的方式难以为继。对上述地区而言，发展新经济、培育新动能、寻找多元创新动力是当前资本市场发展面临的重要任务。

另外，有意思的发现是上海作为我国的国际金融中心，在本指数中2012年以来的排名逐年下滑，2016年已经跌落到第四位，这与传统的认知发生背离。可能原因在于无论从股票融资额，还是辖内的证券公司数量以及辖内上市公司数量等，上海均与第一名的北京呈现较大差距。另外，上海在我国金融市场中的重要作用多体现在债券、货币、外汇、黄金、期货、票据、保险等各类金融要素的市场交易平台层面，而上述指标从省域可得性的角度来看尚未进入本书的考察之列。

第三节　实证设计与结果

一、模型、变量与数据

在使用空间计量模型对面板数据进行实证研究时，通常选用空间滞后模型（SLM）、空间误差模型（SEM）以及空间杜宾模型（SDM）三种模型进行实证研究。本章亦选取空间滞后模型、空间误差模型和空间杜宾模型进行实证分析。

在研究资本市场发展水平对产业结构调整的影响时，设定的空间滞后模型、空间误差模型、空间杜宾模型分别如式（5-9）至式（5-11）所示：

$$ISAI_{it} = c + \rho WISAI_{it} + \beta_1 CMDI_{it} + \beta_2 GOV_{it} + \beta_3 UBL_{it} + \beta_4 HR_{it} + \varepsilon_{it} \qquad (5-9)$$

$$ISAI_{it} = c + \beta_1 CMDI_{it} + \beta_2 GOV_{it} + \beta_3 UBL_{it} + \beta_4 HR_{it} + \lambda W\varepsilon_{it} + \varepsilon_{it} \qquad (5-10)$$

$$ISAI_{it} = c + \rho WISAI_{it} + \beta_1 CMDI_{it} + \beta_2 GOV_{it} + \beta_3 UBL_{it} + \beta_4 HR_{it} + \lambda W\varepsilon_{it} + \varepsilon_{it}$$

$$(5-11)$$

在上述模型中，ρ 为空间滞后系数；W 为空间权重矩阵；λ 为空间误差系数；β 为解释变量系数；ε 为服从正态分布的随机误差项。被解释变量、核心解释变量、控制变量的具体安排如下：

被解释变量：产业结构调整指数（Industrial Structure Adjustment Index，ISAI），使用前文所得到的产业结构调整指数的数据。

解释变量：资本市场发展指数（Capital Market Development Index，CMDI）为前文得到的资本市场发展指数（CMDI），在本书研究中将对此核心解释变量对产业结构调整的影响进行空间计量分析。

控制变量：本书为对产业结构调整的影响因素进行全面研究，追加政府规制水平（GOV）、城镇化水平（UBL）、人力资本（HR）三个单一指标作为控制变量完善模型，其中：

政府规制水平：产业发展理论较早地解释了政府对经济的干预程度制约或是推动了产业结构的调整，政府效率、政策环境与既得利益集团从不同方面影响产业结构调整。本书拟借鉴于斌斌（2015）的方法，用财政预算支出与财政预算收入的比值反映政府干预程度。

城镇化水平：城镇化（Urbanization）指以农业为主的传统乡村型社会向以非农产业为主的现代化社会逐渐转变的历史过程。城镇化过程包含产业结构的转变，其发展对产业结构调整存在着强烈的空间冲击效应，并显著提升产业发展层次（蓝庆新和田尧舜，2013），拟用各省区直辖市的城镇人口数占总人口数的比值表示。

人力资本：人力资源尤其是其中的知识资源是研究和创新的基础，能够通过引进、学习、扩散和创新等方式推动产业集聚和产业结构升级。知识溢出主要通过人力资本的外部性及其相互作用实现。本书借鉴杨飞虎等（2016）的方法，用科研人员数量作为人力资本的代理变量。

本书以 2004~2016 年中国大陆 30 个省级行政区域作为研究对象，产业结构调整指数、资本市场发展水平等被解释变量、核心解释变量数据来自本章前述的分析结果，其他控制变量以及经济距离权重的原始数据来自《中国统计年鉴》(2005~2017),空间数据来自国家地理信息系统网站,各个变量的描述性统计如表 5-7 所示。

Anselin(1988)曾提出:最小二乘法(OLS)估计会导致有偏或无效的估计结果,对空间面板数据来说,极大似然估计法(MLE)的估计更为有效,且可以避免模型产生的内生性问题,增强实证检验结果的稳定性,故本书选择最大似然估计法进行估计。同时,为了去除量纲与降低异方差,本书对所有数据进行取对数操作。

表 5-7 空间计量模型各个变量的描述性统计

相关指标	产业结构调整指数	资本市场发展指数	政府规制水平	城镇化水平	人力资本
平均值	0.4933	0.1733	1.0642	0.4578	988170
标准差	0.4573	0.2106	1.65264	0.5107	83313
最小值	0.2735	0.0120	0.8984	0.2052	426
最大值	0.7262	0.9023	2.3930	0.7581	54343
变异系数	5.119	1.2149	1.9122	3.2364	0.8431
观察数	403	403	403	403	403

二、空间权重矩阵设置

由于空间邻接权重矩阵操作简便易行,能够用来表达简单地理相邻空间单元之间的关联程度,而且可以与地理信息系统数据对接,所以成为使用最广的空间权重矩阵。但是它的缺点也显而易见,即只考虑地理邻接性(认为空间单位只要地理邻接就存在相同的影响强度)没有将地理距离以及经济影响考虑其中。例如,江西与广东、福建、浙江、安徽、湖南、湖北等省相邻,但经济现实告诉我们不能认为江西与上述各省的相互影响是等同的。尤其是产业结构调整是一项复杂的系统活动,必然受到其他的如经济、人口、技术、制度等非地理邻接关系的影响。基于上述考虑,本书以地理特征和经济特征两个维度分别构建空间权重矩阵。

1. 空间邻接权重矩阵

国内外学者在早期空间计量研究中广泛使用空间邻接权重矩阵(Getis

等，2004；李婧等，2010；任英华、姚莉媛，2010；李林等，2011），本书参照他们的做法设定空间邻接权重矩阵表达式，关系空间权重矩阵的表达形式，如式（5-12）所示：

$$W_{ij} = \begin{cases} 1, & \text{当区域 i 和 j 相邻} \\ 0, & \text{当区域 i 和 j 不相邻} \end{cases}, \quad W_{ij}' = \begin{cases} \dfrac{w_{ij}}{\sum\limits_{j} w_{ij}}, & \text{当区域 i 和 j 相邻} \\ 0, & \text{当区域 i 和 j 不相邻} \end{cases} \quad (5\text{-}12)$$

其中，W_{ij} 为邻接关系空间权重矩阵的元素；W_{ij}' 则为标准化后的邻接关系空间权重矩阵的元素。

2. 经济距离权重矩阵

考虑到地理因素并不是产生空间效应的唯一因素，经济水平相似的空间单元之间能够吸收利用彼此的经济资源产生规模效益，通常做法是将空间单元中产生空间效应的经济指标的绝对差异（为该经济指标之差绝对值的倒数）来构建经济距离权重矩阵（王守坤，2013），表达式如式（5-13）所示：

$$W_{ij} = \begin{cases} 1 / |\bar{X}_i - \bar{X}_j|, & \text{当 } i \neq j; \\ 0, & \text{当 } i = j \end{cases} \quad (5\text{-}13)$$

其中，X 是研究者所选择的形成空间矩阵元素的经济变量，常用的包括人力资本量、外商投资额、人均或总量 GDP 等。本章选取研究年度各地区的 GDP 作为经济权重构建指标。

三、空间自相关检验

本章对中国省域产业结构调整指数空间相关性进行检验，检验分为两个步骤：第一步，利用全局莫兰指数（Moran's Ⅰ）及局部莫兰指数（Moran's Ⅰ）散点图，检验中国省域产业结构调整指数是否分别存在空间相关性；第二步，基于 Anselin Local Moran'I 算法的 LISA（Local Indicators of Spatial Association）集聚图把不具有高低聚类的区域规划为异常值，无法对其进行显著的观测，故采用基于 Getis-Ord G_i^* 算法的热点分析地图，对 LISA 集聚图中的异常值区域进行显著的观测，以冷热点的形式对解释区域产业结构调整指数之间的空间相关性做进一步检验。

1. 莫兰指数检验

使用 stata15.0 软件计算出我国 2004~2016 年产业结构调整指数的全局莫兰指数，并以 2016 年为例绘制出我国 2016 年产业结构调整指数的局部莫兰散点图。

由表 5-8 可知，在两种不同的空间权重矩阵中，产业结构调整指数的莫兰值均大于零，且通过 1% 水平显著性检验，这表明研究区域的产业结构调整具有显著的空间正相关性，存在显著的空间集聚现象。

本章采用 stata15.0 软件对 2016 年的产业结构调整指数进行局部 Moran's Ⅰ指数分析，绘制 Moran's Ⅰ指数散点图以说明区域产业结构调整在空间分布的局部特征，如图 5-1、图 5-2 所示。由该散点图可知，在不同的空间权重矩阵中，各象限散点分布十分相近，进一步表明产业结构调整指数具有显著的空间集聚现象。在 Moran's Ⅰ散点图中，第一象限代表着高—高的正相关关系（H-H），它意味着本省份是高值的同时周围省份也都是高值；第二象限代表着低—高的正相关关系（L-H），它意味着本省份是低值的同时周围省份都是高值；第三象限代表着低—低的负相关关系（L-L），它意味着本省份是低值的同时周围省份也都是低值；第四象限代表着高—低的负相关关系（H-L），它意味着本省份是高值的同时周围省份都是低值。

表 5-8　2004~2016 年两种空间权重矩阵中产业结构调整指数的全局莫兰指数

年份	空间邻接权重矩阵			经济距离权重矩阵		
	Moran's Ⅰ	Z（Ⅰ）	P（Ⅰ）	Moran's Ⅰ	Z（Ⅰ）	P（Ⅰ）
2004	0.325	3.001	0.003	0.552	5.005	0.000
2005	0.385	3.573	0.000	0.552	5.027	0.000
2006	0.286	2.739	0.006	0.546	5.035	0.000
2007	0.324	3.069	0.002	0.515	4.871	0.000
2008	0.338	3.201	0.001	0.499	4.829	0.000
2009	0.317	3.037	0.002	0.490	4.594	0.000
2010	0.344	3.238	0.001	0.543	5.017	0.000
2011	0.319	2.994	0.003	0.531	4.871	0.000
2012	0.306	2.890	0.004	0.473	4.384	0.000
2013	0.288	2.718	0.007	0.468	4.360	0.000

续表

年份	空间邻接权重矩阵			经济距离权重矩阵		
	Moran's I	Z（I）	P（I）	Moran's I	Z（I）	P（I）
2014	0.335	3.152	0.002	0.462	4.297	0.000
2015	0.341	3.217	0.001	0.468	4.140	0.000
2016	0.378	2.974	0.003	0.445	4.125	0.000

注：Z（I）、P（I）分别表示 Moran's I 显著性检验的 z 值和 p 值。

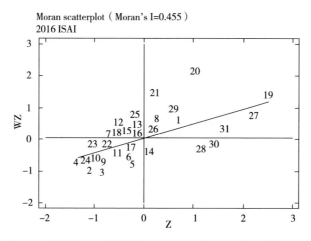

图 5-1　2016 年产业结构调整指数 Moran's I 散点图（空间邻接权重矩阵）

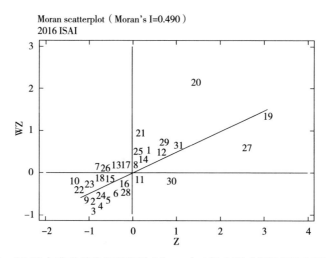

图 5-2　2016 年产业结构调整指数 Moran's I 散点图（经济距离权重矩阵）

2. 冷热点分析

本书基于 Getis-Ord G_i^* 算法，绘制 2004 年、2010 年、2016 年产业结构调整指数热点分析地图进行直观展示，从产业结构调整指数冷热点图的时间演进来看，从 2004 年到 2016 年，中国产业结构调整指数具有显著地理集聚现象的冷热点范围在逐渐扩大，这表明随着时间的推移，中国各省份间产业结构调整呈现更强的空间集聚现象。

综合全局莫兰指数、局部莫兰指数散点图来看，中国省域间的产业结构调整均具有显著的空间相关性，存在空间集聚现象。从空间角度来看，中国产业结构调整指数冷点主要集中在西部地区，这些地区受地理条件、政策条件、经济状况等因素的影响，形成了低值的集聚圈；其热点则集中在京津冀地区和上海及其周边地区，雄厚的经济实力和优越的地理位置等因素促使这些地区形成高值的集聚圈。中部省份发展状况参差不齐，形成了无法测算高值低值集聚的不显著地带。

四、实证过程与结果

1. 模型选择

空间模型的选择中，常用的是利用 Wald 检验（Wald test_spatial lag、Wald test_spatial error）与拉格朗日乘数 LM 检验（LM_spatial lag test，LM_spatial error test）进行判断。根据 Anselin（1988）的研究结果，通常先进行拉格朗日乘数 LM 检验，若 LMLAG 较之 LMERR 在统计上更加显著，且 R-LMLAG 显著但 R-LMERR 不显著，则能够判定空间滞后模型更加合适。相反，若在空间效应的检验中 LMERR 较之 LMLAG 在统计上更加显著，且 R-LMERR 显著但 R-LMLAG 不显著，则能够判定空间误差模型更加合适。但若是 LMLAG 与 LMERR 在统计上均不显著，则要进行 Wald 检验，它的检验依据是当 Wald test_spatial lag、Wald test_spatial error 统计量都显著时，应该选择空间杜宾模型。本书依据上述原则对所设定的模型进行拉格朗日乘数 LM 和 Wald 检验，结果如表 5-9 所示。拉格朗日乘数 LM 的检验结果显示，空间误差模型的 LMERR 的 p 值不显著，空间滞后模型的拉格朗日乘数（LMLAG）的 p 值为 0.042，在 5% 的统计水平上统计显著，空间滞后模型较为合适。Wald 检验结果显示，空间杜宾模型的空间滞后 Wald 统计量为

39.432，在 1% 的统计水平上显著，空间误差的 Wald 统计量为 6.173，并不显著。

表 5-9 三种空间模型的检验结果

	SLM	SEM	SDM
R^2	0.8247	0.8347	0.8296
LogL	−397.402	−403.7942	−427.2030
AIC	731.3578	865.5252	872.7861
SC	891.6336	897.834	910.532
Wald test spatial lag	38.725***	42.785***	39.432***
LM test spatial lag	46.312**	—	59.452***
Wald test spatial error	—	—	6.173
LM test spatial error	—	3.751	4.129
Hausman	9.45	—	—
	（0.0875）		

注：*、**、*** 分别表示在 10%、5%、1% 水平下显著。

同时从以上三种空间面板模型的拟合优度来看，三者相近但空间滞后模型的 AIC 和 SC 值最小，LogL 值最大，表明空间滞后模型更加适合本书研究。综合以上分析选择空间滞后模型来分析资本市场发展水平以及融资效率对产业结构调整的影响。

2. 豪斯曼检验

豪斯曼（Hausman）检验常被用来确定面板数据模型选固定效应还是随机效应。在空间计量领域的实证研究中，固定效应通常优于随机效应，事实上，当样本随机取自总体时，随机效应模型更加合理。当分析某些特定个体时，应选择固定效应模型（Baltagi，2001）。根据豪斯曼检验的结果可以发现，空间滞后模型的 chi^2 值为负，根据常亮等（2014）的研究结果，此情况可看作强烈拒绝随机效应的原假设，因而空间滞后模型更适合固定效应，同时对本章所做的省域产业结构调整的研究而言，固定效应无疑是更好的选择。

空间计量模型的固定效应中，根据对时间和空间两类非观测效应的不同控制，还可将其分为空间固定效应（Spatial Fixed-effects）、时间固定效应（Time Fixed-effects）、时空固定效应（Spatial and Time Fixed-effects），再加上可以看作是无固定效应（Non Fixed-effects）的随机效应，共四种效应模式。

3. 结果分析

分别设置空间邻接权重矩阵和经济距离权重矩阵，将资本市场发展水平作为核心解释变量纳入空间滞后模型，得到资本市场发展水平对产业结构调整的估计结果如表 5-10、表 5-11 所示。

从调整后的 R^2 来看，空间邻接权重矩阵和经济距离权重矩阵的空间滞后模型的拟合优度均在 0.9 左右，较好的拟合优度说明该模型能够较为准确地表达我国省域产业结构调整的过程。

表 5-10　资本市场发展水平对产业结构调整影响的 SLM 模型
估计结果（空间邻接权重矩阵）

变量	随机效应	时间固定效应	空间固定效应	时空双固定效应
CMDI	0.0748 （0.039）	0.031 （0.051）	0.071*** （0.026）	0.148*** （0.052）
GOV	0.007 （0.012）	0.006 （0.011）	0.015*** （0.013）	0.005 （0.010）
UBL	0.036** （0.043）	0.211 （0.046）	0.023*** （0.032）	0.027 （0.044）
HR	0.038*** （0.013）	0.058*** （0.018）	0.014** （0.006）	0.013* （0.031）
ρ/λ	0.887*** （0.052）	0.909*** （0.052）	0.917*** （0.029）	−0.207 （0.074）
Constant	0.048 （0.055）	—	—	—
Adj-R^2	0.938	0.947	0.896	0.977
Number of obs	403	403	403	403

注：*、**、*** 分别表示在 10%、5%、1% 水平下显著。

表 5-11 资本市场发展水平对产业结构调整影响的 SLM 模型
估计结果（经济距离权重矩阵）

变量	随机效应	时间固定效应	空间固定效应	时空双固定效应
CMDI	0.119*** （0.042）	0.0916 （0.056）	0.072*** （0.027）	0.148*** （0.053）
GOV	0.006*** （0.011）	0.006 （0.010）	0.015*** （0.013）	0.0052 （0.010）
UBL	0.085 （0.046）	0.025 （0.047）	0.026*** （0.031）	0.006 （0.04）
HR	0.042 （0.015）	0.083*** （0.024）	0.014** （0.007）	0.0127 （0.031）
Constant	0.198*** （0.063）	— —	— —	— —
ρ / λ	0.898*** （0.05）	0.921*** （0.054）	0.936*** （0.122）	−0.004 （0.074）
Adj-R^2	0.940	0.938	0.896	0.876
Number of obs	403	403	403	403

注：*、**、*** 分别表示在 10%、5%、1% 水平下显著。

从空间相关系数上来看，空间邻接权重矩阵和经济距离权重矩阵的空间滞后模型的大多数效应估计均通过了 1% 的显著性检验（空间邻接权重矩阵和经济距离权重矩阵的时空双固定效应的空间相关系数分别为 −0.207 和 −0.004，且均不显著），能够充分表明省域产业结构调整存在显著的正向空间相关性，一个地区产业结构调整在一定程度上依赖其他与之有相似空间特征（邻接或是经济距离）地区的资本市场发展和产业结构调整。在空间邻接权重矩阵中，模型空间固定效应的空间相关系数为 0.917 且通过 1% 的显著性水平检验，表明地理邻接关系对地区产业结构调整有正向影响。地理邻接不仅能够促进区域间产业、人员、资本的流动，实现资源要素的合理配置和共享，从而推动产业结构调整的空间集聚形成。在经济距离权重矩阵中，模型空间固定效应的空间相关系数为 0.936 且通过 1% 的显著性水平检验，这说明经济特征（GDP）相近的地区之间产业结构调整能够相互促进。此外经济距离权重矩阵的空间相关系数大于地理邻接权重矩阵的空间相关系数，说明经济特征相对于地理区位因素对产业结构调整的空间相关影响更大，这在一定程度上也解释了产业结构调整的空间相关主要是由社会的经济特征引发并带动的。

从模型核心解释变量和控制变量系数的估计结果来看，空间固定效应中各个变量系数均通过了显著性检验，明显优于随机效应、时间固定效应、时空双固定效应等其他三项的估计结果。因此，在分析资本市场发展水平对产业结构调整的影响时可依据空间滞后模型的空间固定效应来展开。事实上，我国产业结构调整水平存在地区间差异，东部地区的产业结构调整水平明显高于西部地区，而空间固定效应恰能够揭示结构性差异因而可以获得较为显著的结论。随机效应和时间固定的影响估计中，均假定地区之间具有相同的产业结构水平，未体现地区间产业结构调整的差异，势必导致结果偏差。通常来讲，时空双固定效应既考虑了地区差异又考虑了时间因素，应该能够得到更可信的估计结果，但是本书中时空双固定的估计结果只有核心解释变量通过显著性检验，而其他控制变量的估计结果均不显著，可能的原因是产业结构随时间进行调整可能会受到经济周期、突发事件等因素的影响，这种影响不仅对当期，还会对以后各期产生辐射与影响。

核心解释变量资本市场发展指数的系数为正，且通过了显著性检验，说明其对产业结构调整具有显著的正向促进作用，资本市场的发展会带动产业结构调整，资本市场越发达，产业结构调整越能得到优化。该实证结果也印证了我国资本市场近30年的发展和产业结构发展的事实。控制变量中，城镇化水平和人力资本对产业结构调整具有显著的正向效应，它们的提高会带动产业结构调整，即城镇化程度越高，科研人员数量越多产业调整就越能得到优化。这是因为，在城镇化的进程中，意味着较密集的人才聚集和多样化的需求水平，第一产业人员逐步转向第二、第三产业，这些均有利于我国大力发展第三产业，从而提升了第三产业在整体产业结构中的比例。在大量科研人力投入的情况下，科技的创新有助于我国企业进行产品研发与生产率优化，从而进一步接近发达国家的产业发展水平；另外城镇化和人力投入能够使产业结构调整的成果让更多人受惠，从而提升其普惠水平。政府规制水平的空间溢出效应为正值且通过了显著性检验，政府是主导产业结构升级的重要力量，学者们的研究已经证实政府干预程度对产业结构升级具有显著的空间溢出效应。

五、内生性讨论

从上述实证结果来看，核心解释变量资本市场发展水平的系数均为正，说明其对产业结构调整产生正向影响。这种正向影响到底是来自于资本市场对产业结构调整的影响，还是来自于产业结构对资本市场的影响，或者两者兼而有之，核心解释变量与被解释变量间可能存在内生性问题，是本书需要关注的问题。

现有的文献中，产业结构对资本市场影响的研究并不多见，但国内外学者围绕金融与产业结构的互动进行了大量的研究。Antzoulatos 等（2008）以 29 个国家为样本，实证分析其 30 年间的产业发展相关数据后发现，技术进步是制约金融与产业结构联系的关键因素，与经济技术水平匹配的金融结构才能促进产业结构的升级。曾繁清和叶德珠（2017）指出我国金融和产业结构调整的耦合作用显著，两者之间的互动能够彼此带动对方的增长。中国的金融结构与产业结构两者相互作用，且耦合作用愈发明显。倪明明（2015）、姚华和宋建（2016）、付海艳（2016）、李西江（2015）、孙志红和王亚青（2016）、李文艳和吴书胜（2016）的实证分析也印证了此结论。从学者们的研究推断，本书中资本市场发展水平与产业结构调整之间较大程度存在内生性。

针对这种交互影响产生的内生性问题，本书认为某期的产业结构水平不会对上期的资本市场产生影响，因为本期的产业结构无法改变上一期资本市场的发展水平已经发生的现实。本书参考程忠（2018）的做法，采用资本市场发展水平（CMDI）滞后一期的数据进行替代分析，记为 L.CMDI。由于资本市场发展水平是随时间变动的渐进过程，因此滞后一期的资本市场发展水平 L.CMDI（核心解释变量 CMDI 的一阶滞后项）可以很好地解释资本市场的动态发展水平，该做法剔除了产业结构对资本市场发展水平的影响，从而能够解决本书研究中的内生性问题。同时为了让产业结构调整各个影响因素具有时间一致性，亦对所有控制变量进行一阶滞后，分别记为 L.GOV（控制变量 GOV 的一阶滞后项）、L.UBL（控制变量 UBL 的一阶滞后项）和 L.HR（控制变量 HR 的一阶滞后项）。分别设置空间邻接权重矩阵和经济距离权重矩阵，将滞后一期的解释变量和控制变量带入空间面板模型进行回归分析，估计结果如表 5-12 所示。

表 5-12　资本市场发展水平对产业结构调整影响的内生性处理估计结果

变量	SLM（空间邻接权重矩阵）	SEM（经济距离权重矩阵）
L.CMDI	0.073***	0.071***
	（0.027）	（0.020）
L.GOV	0.016***	0.016***
	（0.015）	（0.017）
L.UBL	0.224***	0.221***
	（0.032）	（0.031）
L.HR	0.015**	0.014**
	（0.006）	（0.007）
ρ	0.907***	0.916***
	（0.029）	（0.122）
Adj-R^2	0.906	0.876
Number of obs	403	403

注：*、**、*** 分别表示在 10%、5%、1% 水平下显著。

　　从空间相关系数来看，两种不同空间矩阵下的空间相关系数为正，显著性与前文中的空间面板模型的分析结果相同，大小也基本一致。这表明，在用资本市场发展指数的一阶滞后项对原核心解释变量进行替代后，空间效应依旧很显著，无论是邻接关系还是经济距离关系，资本市场发展水平对产业结构的影响均有一定的空间溢出效应。

　　从变量 L.CMDI 的系数以及其他控制变量的系数来看，在两种不同空间权重矩阵下的 SPLM 模型中的估计结果依旧显著，且与前文中的空间面板模型的分析结果相似，这说明通过设置资本市场发展指数的一阶滞后项来替代原核心解释变量后，依旧能够得到与前述空间面板模型近似的估计结果，即克服了内生性的影响后，资本市场发展水平促进产业结构的结论具有较好的稳健性。

第四节　本章小结

　　传统计量经济学关于数据匀质性和无关联的假定无法描述资本市场对

产业结构调整中空间因素带来的影响，本章运用空间计量理论与模型揭示资本市场对产业结构的影响过程。

从资本市场规模、资本市场结构、资本市场流动性、上市公司、中介机构、投资者六个方面设计指标体系，运用层次分析法设定指标权重，测算全国和省域的资本市场发展指数。结果表明，我国资本市场发展的总体水平不断提升，作为其子系统的省域产业结构调整间的空间关联性普遍存在，区域间资本市场发展仍不平衡，出现三跑并存局面。

以空间经济学中的地理邻接与经济距离分别表征子系统的地理位置特征与经济特征，即设置空间邻接权重矩阵和经济距离权重矩阵来准确刻画区域资本市场对产业结构调整的空间影响。使用全局莫兰指数（Moran's I）、局部莫兰指数散点图以及冷热点分析检验空间相关性，结果表明，我国省域产业结构调整指数有较为显著的空间相关性，空间集聚效应明显。高值的集聚圈主要在京津冀地区和上海及其周边地区，低值集聚圈主要集中在西部地区，而中部地区形成了无法测算高值低值集聚的不显著地带。运用Wald检验、拉格朗日乘数LM检验、豪斯曼检验选择空间滞后模型的固定效应进行后续分析。

以资本市场发展指数作为核心解释变量考察其对产业结构调整的影响时，空间固定效应中各个变量系数均通过了显著性检验，明显优于随机效应、时间固定效应、时空双固定效应三项的估计结果。从空间相关系数上来看，空间邻接权重矩阵和经济距离权重矩阵的空间滞后模型的大多数效应估计均通过了1%的显著性检验，能够充分表明省域产业结构调整存在显著的正向空间相关性，经济距离权重矩阵的空间相关系数大于地理邻接权重矩阵的空间相关系数，说明经济特征相对于地理区位因素对产业结构调整的空间相关影响更大。核心解释变量资本市场发展指数的系数为正，且通过了显著性检验，说明其对产业结构调整具有显著的正向促进作用。控制变量中，城镇化水平和人力资本对产业结构调整具有显著的正向效应，它们的提高会带动产业结构调整，政府规制水平的空间溢出效应为正值且通过了显著性检验，说明政府在主导产业结构升级中发挥了重要作用。

第六章 资本市场融资效率对产业结构
调整的影响

　　能否使经济社会中的金融资源实现最优的投入产出从而达到优化配置是衡量资本市场运行质量的重要标志，作为资本市场微观个体的上市公司及其所属行业的融资行为与结果能够反映资本市场的融资效率水平。

　　国内外学者围绕融资顺序、融资结构、市场信号传递等方面对资本市场融资效率进行了多方位的研究，Modiglani 和 Miller（1959）提出在假设完全竞争市场、不考虑所得税的影响以及信息对称的情况下公司价值不受资本结构等因素的影响，开创了现代融资理论。此后学者 Rajan（1995）对该理论进行了修正，发现债务融资是美国大多数企业的外源融资形式。Almeida 和 Wolfenzon（2006）利用均衡模型发现资本配置效率与公司外源融资需求及外部投资者利益保障存在较强的关联关系。Eisdorfer 等（2013）利用杠杆比率和公司杠杆率之间的相似性判断公司资本融资效率的高低。Kaffash 和 Marra（2016）研究了 1985 年到 2016 年 4 月期间 Web of Science 数据库中有关融资效率研究的金融领域特性。国内学者在融资效率的测度与评价方面进行了大量的探索，刘力昌等（2004）利用数据包络 DEA 分析方法研究了我国上市公司股权融资的静态效率。田金方（2017）利用超 DEA 效率和 Malmquist 指数，从静态和动态两个角度交叉分析资本市场融资效率的行业差异特征，并利用 Tobit 模型分析全要素生产率分解的各因素对融资效率的影响。上述学者的研究为本书提供了重要的方法参考。

第一节　资本市场融资效率的测算

一、三阶段SBM模型的设计

数据包络分析（DEA）方法自1978年被提出以来，已广泛应用于环境、城镇化、人力资源等多领域效率及全要素生产率的评估中，其评估模型也由经典的CCR/BCC径向模型发展到非径向、混合径向距离函数，甚至与博弈论、计量回归、主成分分析等理论与模型相互融合，衍生出一系列新型DEA模型，从而使评价结果更有针对性、更为可信。三阶段DEA模型就是这些新式DEA模型当中的典型代表，其核心意义在于运用回归估计方法将DEA模型识别不了的"非技术性"因素如环境因素和随机扰动因素排除掉，从而获得纯粹的技术效率得分和无效率的改进方向。在三阶段DEA模型的第一阶段和第三阶段距离函数的选择上，大多数学者采用的是经典的径向模型（CCR、BCC等模型），径向模型假定被评价单元的所有投入（或产出）指标按照同一比例进行缩减（或扩张），规划求解过程过于机械，导致测算结果存在较大的误差，难以反映实际情况。为解决该问题，学术界发展出了非径向DEA模型，其中SBM（Slack Based Measure）模型最为经典，该模型放弃了指标等比例优化的规划思路，转而从松弛角度，即无效率角度来设计目标函数，使冗余（或不足）的求解结果更为彻底。

本书旨在分析我国资本市场的融资效率，需要排除掉市场情绪、跟风炒作等非理性因素带来的效率测算误差，同时为了测算结果更加真实，要求充分考虑冗余的存在，故选择三阶段DEA分析，用SBM模型替代CCR或BCC模型将获得更为客观的融资效率评价结果。

1. 第一阶段：SBM模型分析融资效率并计算冗余值

Tone K（2001）首次提出了SBM，该模型中有n个决策单元，每个决策单元都拥有m个投入指标（$x \in R^m$）和s个产出指标（$y \in R^s$），投入产出矩阵X和Y表示如下：

$$X = [x_1, \cdots, x_n] \in R^{m \times n}$$

$$Y = [y_1, \cdots, y_n] \in R^{s \times n}$$

其中，$x_i > 0$，$y_i > 0$，$i=1$，2，$\cdots$，n。生产技术集 P 可以定义为：

$$P = \{(x, y) | x \geq X\lambda, y \leq Y\lambda, \lambda \geq 0\} \tag{6-1}$$

其中，λ 为权重变量，且 $x \geq X\lambda$ 表示实际投入不小于前沿投入水平，$y \leq Y\lambda$ 表示实际产出不大于前沿产出水平。

SBM 模型的规划式如下：

$$
\begin{cases}
\gamma^* = \min \dfrac{1 - \dfrac{1}{m}\sum\limits_{i=1}^{m} \dfrac{s_i^-}{x_{io}}}{1 + \dfrac{1}{s}\sum\limits_{r=1}^{s} \dfrac{s_r^+}{y_{ro}}} \\[4mm]
\sum\limits_{j=1}^{n} x_{ij}\lambda_j + s_i^- = x_{io}, \quad i = 1, 2, \cdots, m \\[2mm]
\sum\limits_{j=1}^{n} y_{rj}\lambda_j - s_r^+ = y_{ro}, \quad r = 1, 2, \cdots, s \\[2mm]
\sum\limits_{j=1}^{n} \lambda_j = 1, \quad (\text{vrs}) \\[2mm]
\lambda_j \geq 0, \ s_i^- \geq 0, \ s_r^+ \geq 0
\end{cases}
\tag{6-2}
$$

其中，s_i^- 和 s_r^+ 分别表示投入和产出的松弛变量，即投入冗余和产出不足，投入冗余将作为第二阶段 SFA 回归的被解释变量；λ 是被评价的决策单元向各决策单元所学习的份额。目标函数 γ^* 即为各企业的融资效率得分，其满足 $0 < \gamma^* \leq 1$，得分越高，代表融资效率越高。如果得分等于 1，则该单元位于生产技术前沿面上，相对处于 DEA 有效状态，是其他企业学习的标杆企业或参照企业。

2. 第二阶段：面板随机前沿（SFA）分析

Fried（2002）认为，决策单元的绩效通常都会受到环境因素和统计噪声的影响，从而降低管理无效率测算的准确性，因此需要借助回归模型将两者分离出去，以下是具体做法：

将第一阶段 SBM 模型测度的各投入指标的松弛变量作为因变量，将外部环境因素作为解释变量，建立面板 SFA 方程如下：

$$S_{mjt}^- = f(Z_{mjt}; \beta_{mjt}) + v_{mjt} + \mu_{mjt}, \quad j=1, 2, \cdots, J; \ m=1, 2, \cdots, M \tag{6-3}$$

其中，S^-_{mjt} 表示第 j 个决策单元的第 m 项投入在第 t 个时期的冗余；f(Z_{mjt} ; β_{mjt} ）表示随机前沿函数，代表外部环境变量对冗余变量的作用大小；Z_{mjt} 表示外部环境因素；β_{mjt} 表示相应外部环境变量的系数；$v_{mjt} + \mu_{mjt}$ 表示综合误差部分；v_{mjt} 表示随机误差项，其服从标准的正态分布：$v \in N (0, \sigma^2_v)$；μ_{mjt} 表示管理无效率因素，其服从非负的正态分布，即 $\mu \in N (0, \sigma^2_v)$，并且两者互不相关。

之后，根据面板 SFA 的回归结果，对最初的各决策单元投入指标数据按如式（6-4）进行处理：

$$x^*_{mj} = x_{mj} + [\max\{z_j\beta_m\} - z_j\beta_m] + [\max x_j\{v_{mj}\} - v_{mj}] , \quad m = 1, 2, \cdots, M; j = 1, 2, \cdots, J \tag{6-4}$$

其中，x^*_{mj} 表示经过调整的投入数据，x_{mj} 代表原始的投入指标值，$[\max\{z_j\beta_m\} - z_j\beta_m]$ 代表把全部的决策单元放置于一样的并且是最差的外部环境中；$[\max x_j\{v_{mj}\} - v_{mj}]$ 代表把全部的决策单元放置于同样的随机干扰情况中；即针对那些外部环境优良抑或是随机因素（机遇）较好的决策单元增加其投入量。

在对各决策单元的投入指标进行调整时，由于随机干扰因素的影响，需要将随机干扰因素和内部管理因素进行分离，其中随机干扰因素的估计公式为：

$$\hat{E}[v_{mj} \mid v_{mj} + \mu_{mj}] = S^-_{mjt} - Z_j\beta_m - \hat{E}[\mu_{mj} \mid v_{mj} + \mu_{mj}] , \quad m = 1, 2, \cdots, M; j = 1, 2, \cdots, J \tag{6-5}$$

对于管理无效率分离公式，本书在借鉴前人成果基础上，选择使用罗登跃（2012）提出的公式，如式（6-6）所示：

$$E(\mu_i \mid \varepsilon_j) = \frac{\lambda\sigma}{1+\lambda^2}\left[\frac{\varphi(\varepsilon_j\lambda/\sigma)}{\phi(\varepsilon_i\lambda/\sigma)} + \frac{\varepsilon_j\lambda}{\sigma}\right] \tag{6-6}$$

其中

$$\sigma^2_* = \sigma^2_\mu\sigma^2_v/\sigma^2, \quad \lambda = \sigma_\mu/\sigma_v, \quad \varepsilon_j = v_j + \mu_j$$

其中，φ 和 ϕ 各自代表标准正态分布的密度函数以及分布函数。

3. 第三阶段：SBM-Malmquist 指数测算融资效率

将经过第二阶段调整后各决策单元的投入产出数据，代入 SBM-Malmquist 指数模型，即可得到剔除环境因素和随机干扰因素之后的融资效率评价结果。Malmquist 指数是瑞典经济学家和统计学家 Sten Malmquist 于

1953 年提出的。随后，Fare（1992）将 Malmquist 指数与生产分析联系在一起，并于 1994 年建立了用来考察全要素生产率跨期变化的 Malmquist 指数。DEA-Malmquist 指数是基于距离函数构造的，通过求解两个当期距离函数和两个跨期距离函数，然后加以组合，即可得到 Malmquist 指数。

Malmquist 指数可以表达为：

$$M_c^t(x_t,\ y_t,\ x_{t+1},\ y_{t+1}) = \left[\frac{D_c^t(x_{t+1},\ y_{t+1})}{D_c^t(x_t,\ y_t)} \times \frac{D_c^{t+1}(x_{t+1},\ y_{t+1})}{D_c^{t+1}(x_t,\ y_t)}\right]^{1/2} \qquad (6-7)$$

其中，$D_c^t(x_t,\ y_t)$ 代表以 t 期投入产出参照 t 期生产技术的距离函数，$D_c^t(x_{t+1},\ y_{t+1})$ 代表以 t+1 期投入产出参照 t 期生产技术的距离函数。其他两个距离函数有类似的含义。本书使用 SBM 模型来求解此四个距离函数。

可以进一步将 Malmquist 指数分解为技术进步指数（TC）、纯技术效率变化指数（PTEC）和规模效率变化指数（SEC），如式（6-8）所示：

$$M_c^t(x_t,\ y_t,\ x_{t+1},\ y_{t+1})$$

$$= \underbrace{\left[\frac{D_c^t(x_t,\ y_t)}{D_c^{t+1}(x_t,\ y_t)} \times \frac{D_c^t(x_{t+1},\ y_{t+1})}{D_c^{t+1}(x_{t+1},\ y_{t+1})}\right]^{\frac{1}{2}}}_{TC} \times$$

$$\underbrace{\frac{D_v^{t+1}(x_{t+1},\ y_{t+1})}{D_v^t(x_t,\ y_t)}}_{PTEC} \times \underbrace{\left[\frac{D_c^{t+1}(x_{t+1},\ y_{t+1})}{D_c^t(x_t,\ y_t)} \times \frac{D_v^t(x_t,\ y_t)}{D_v^{t+1}(x_{t+1},\ y_{t+1})}\right]}_{SEC} \qquad (6-8)$$

Malmquist 指数及其分解指数在绩效判断时的性质如下：得分越大表示融资效率趋向改善的速度越大；若得分大于 1 表示该指数改善（增长）；若等于 1 表示该指数没有发生变化；得分小于 1，则表示该指数相对前期出现退步。

技术进步指数（TC）衡量了企业融资技术前沿面的变动（扩张或内缩）；纯技术效率变化指数（PTEC）体现了企业的制度、管理、创新等因素带来的融资效率的提高或下降；规模效率变化指数（SEC）表示融资规模的变化导致的融资效率的提高或下降。技术进步指数体现了企业长期的融资能力变化，是一种"增长效应"（生产前沿的变动），带来了增长的可持续性；纯技术效率变化指数和规模效率变化指数体现的是企业短期的融资潜力，是一种"追赶效应"（即向生产前沿移动）。两者的差别在于，"追赶效应"会随时间推移而消失，而"增长效应"则会持续下去。

二、指标设计与数据来源

1.指标设计

资本市场的融资活动是一项多个投入产出的复杂混沌系统，运用三阶段 SBM 模型和 Malmquist 指数方法对我国资本市场上市公司融资效率进行测算的关键是科学合理地设计投入产出指标，然而目前学界并无统一的标准。考虑到指标构建的合理性，同时避免出现指标间的强相关性和规模不均衡性，在借鉴王秀贞等（2017）、王琼和耿成轩（2016）、徐凯（2018）研究的基础上设计出 3 个投入指标、3 个产出指标和 3 个环境指标：

（1）投入指标。企业融资渠道一般分为内源融资和外源融资两种，其中外源融资包括债务融资和股权融资，故本章选取非流动负债与总资产的比值作为债务融资的投入指标、选取盈余公积与未分配利润之和与总资产的比值作为内源融资的投入指标、选取股本与资本公积之和与总资产的比值作为股权融资的投入指标。

（2）产出指标。从融资带给企业的产出角度来看，净资产收益率体现了企业运用自有资本获得净收益的能力，主营业务收入增长率反映企业成长状况和发展能力，总资产周转率反映企业的营运能力。

（3）环境指标。资本市场受外在环境变化影响大，政策、制度、经济以及企业内部人员经营等调整都可能对上市公司的融资效率产生影响。本章设计市盈率、换手率、前十大股东持股比例等三个指标作为环境变量。其中市盈率可以用来评估股价的合理性、换手率能够衡量股票二级市场的活跃程度、前十大股东持股比例用来衡量股票的分散程度，而这三者都能间接反映市场外部环境因素所引致的投机情绪和风险程度改变。投入产出的指标变量如表 6-1 所示。

表 6-1　投入产出指标体系

指标名称	一级指标	二级指标	指标符号
投入指标	债务融资	非流动负债 / 总资产	Input1
	内部融资	盈余公积 + 未分配利润 / 总资产	Input2
	股权融资	股本 + 资本公积 / 总资产	Input3
产出指标	净资产收益率		Output1

指标名称	一级指标	二级指标	指标符号
产出指标		主营业务收入增长率	Output2
		总资产周转率	Output3
环境指标		市盈率	E1
		换手率	E2
		前十大股东持股比例	E3

2. 数据来源与分类

本章的行业产业分类依据 2017 年 10 月 1 日实施的新版《国民经济行业分类（GB/T 4754—2017）》（2017 版的行业分类共有 20 个门类、97 个大类、473 个中类、1380 个小类，与 2011 年版比较，门类没有变化，大类增加了 1 个，中类增加了 41 个，小类增加了 286 个，体现出了新产业、新业态、新商业模式）。涉及的行业有农、林、牧、渔业（A）；采矿业（B）；制造业（C）；电力、热力、燃气及水生产和供应业（D）；建筑业（E）；批发和零售业（F）；交通运输、仓储和邮政业（G）；住宿和餐饮业（H）；信息传输、软件和信息技术服务业（I）；金融业（J）；房地产业（K）；租赁和商务服务业（L）；科学研究和技术服务业（M）；水利、环境和公共设施管理业（N）；居民服务、修理和其他服务业（O）；教育（P）；卫生和社会工作（Q）；文化、体育和娱乐业（R）；公共管理、社会保障和社会组织（S）等 19 个行业门类。国际组织（T）为非营利性组织，故不考虑在内。

本章以中国证监会《2017 年 4 季度上市公司行业分类结果》为依据，剔除 ST 股、剔除年报数据缺失公司，选取沪市主板 690 家公司（选取期间为 2003~2017 年）、深市主板 448 家公司（选取期间为 2003~2017 年）、中小板 272 家公司（选取期间为 2008~2017 年）、创业板 327 家公司（选取期间为 2013~2017 年），四个市场共计 1737 家上市公司，它们分布在三大产业的 19 个行业。样本公司的所有原始数据均来自锐思数据库中的公司年报，并根据前述设计的投入产出指标进行相关计算而成，各指标的描述性统计如表 6-2 所示。同时需要说明的是本章选取的样本数据量大，远远超出 DEA 模型所要求的决策单元数，故从数据层面可以进行 SBM 模型分析。

表 6-2　各指标的描述性统计结果

变量	均值	标准差	最小值	最大值
Output1	0.062	0.414	−29.881	8.670
Output2	0.195	0.448	−1.000	4.993
Output3	0.699	0.502	0.000	5.047
Input1	0.094	0.107	−0.068	0.661
Input2	0.363	0.217	−0.023	2.919
Input3	0.117	0.209	−2.863	0.807
E1	85.390	190.454	−948.429	2882.943
E2	5.633	4.178	0.000	38.548
E3	0.547	0.158	0.000	2.119

依据前述三阶段 SBM 模型、Malmquist 指数的设计思路，第一阶段运用 MaxDEA Pro 软件对资本市场 1745 家企业分析年度的融资效率进行测度，第二阶段将第一阶段 SBM 模型测度的各投入指标的松弛变量作为因变量，将外部环境因素作为解释变量，建立面板 SFA 模型，使用 Stata15 软件进行面板 SFA 回归分析，验证是否存在随机干扰因素的影响。第三阶段将调整后各决策单元的投入产出数据，代入 SBM-Malmquist 指数模型，使用 MaxDEA Pro 软件得到剔除环境因素和随机干扰因素之后的融资效率评价结果。

三、第一阶段结果与分析

从行业与市场板块来看：我国沪市主板市场分行业以及分产业的融资效率评价结果如图 6-1 和表 6-3 所示：从各行业融资效率年度均值来看，融资效率基本位于 0.7~0.9 的效率区间，仍有较大的提升空间，且行业间的融资效率差距较大。表现最好的是教育（P），融资效率为 0.872，仍然有大约 13% 的效率改进潜力；科学研究和技术服务业（M），批发和零售业（F），信息传输、软件和信息技术服务业（I），文化、体育和娱乐业（R）等几个行业的融资效率表现亦处于相对较高的位置，效率得分在 0.8 附近。上述融资效率高的行业均集中在第三产业，且为高技术产业或与居民文化生活相关的服务行业；电力、热力、燃气及水生产和供应业（D），交通运输、仓储和邮政业（G），住宿和餐饮业（H），水利、环境和公共设施管理业（N），卫生和社会工作（Q）的融资效率表现较差，其中水电燃气行业的融资效率得分仅有 0.693，效率损失高达 30%，融资投入浪费严重，或融资产出不高，在资本市场的竞争力较之其他行业较弱，可能是由于行业隶属传统行业且具有高度的垄断性质，企业融资欲望不高，投资者对此类企业亦缺乏投资热情，资金涌入意愿不高等。从三大产业角度来看，研究期间三大产业融资效率均呈现出波动下滑的态势。产业对比方面，2014 年之前第一产业融资效率明显优于第二、三产业，而第二、三产业之间的融资效率差别不大；2014 年之后，第一产业融资效率开始走弱，表现差于第二、三产业。这可能与供给侧结构性改革的推出相关，"三去一降一补"的供给侧结构性改革举措主要集中在工业和流通业领域，农林牧渔业则受到较小的影响。

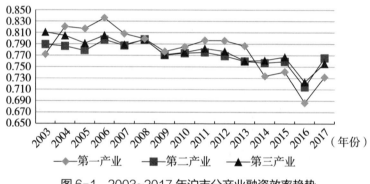

图 6-1　2003~2017 年沪市分产业融资效率趋势

我国深市分行业以及分产业融资效率评价结果如表 6-4 所示：从各行业融资效率年度均值来看，融资效率大致位于 0.7~0.85 的效率区间，融资效率的上限低于沪市，行业之间的融资效率差距同样较为明显。表现最好的是金融业（J），融资效率为 0.848，有超过 15% 的效率改进潜力，这可能与在深市上市的金融机构大多为民营资本参与较多的中小金融机构有关，他们对融资效率要求更高；制造业（C）、建筑业（E）、批发和零售业（F）的融资效率表现位于第二梯队，效率得分在 0.8 左右，该类行业代表了我国在基础设施、先进制造以及居民消费等方面增长的强劲动力；电力、热力、燃气及水生产和供应业（D），交通运输、仓储和邮政业（G），住宿和餐饮业

表6-3　沪市主板分行业融资效率

年份	2003	2004	2005	2006	2007	2008	2009	2010	2011	2012	2013	2014	2015	2016	2017	年度平均
A	0.772	0.820	0.817	0.836	0.808	0.799	0.777	0.785	0.796	0.796	0.786	0.734	0.741	0.687	0.732	0.779
B	0.759	0.766	0.759	0.772	0.777	0.809	0.763	0.747	0.763	0.754	0.747	0.732	0.736	0.706	0.765	0.757
C	0.797	0.794	0.788	0.810	0.798	0.808	0.781	0.784	0.783	0.776	0.768	0.765	0.768	0.720	0.775	0.781
D	0.729	0.707	0.699	0.702	0.701	0.707	0.681	0.693	0.702	0.687	0.686	0.682	0.681	0.652	0.682	0.693
E	0.814	0.830	0.788	0.796	0.769	0.793	0.766	0.788	0.812	0.843	0.791	0.791	0.784	0.757	0.760	0.792
F	0.856	0.849	0.827	0.846	0.837	0.850	0.817	0.814	0.820	0.817	0.796	0.795	0.805	0.772	0.796	0.820
G	0.746	0.751	0.727	0.738	0.728	0.756	0.709	0.719	0.738	0.718	0.703	0.700	0.717	0.674	0.718	0.723
H	0.797	0.751	0.742	0.753	0.742	0.753	0.721	0.726	0.731	0.760	0.745	0.754	0.736	0.724	0.694	0.742
I	0.817	0.802	0.796	0.815	0.798	0.798	0.815	0.802	0.817	0.812	0.797	0.789	0.812	0.752	0.779	0.800
J	0.805	0.809	0.817	0.808	0.816	0.825	0.793	0.767	0.773	0.804	0.776	0.750	0.713	0.658	0.723	0.776
K	0.802	0.797	0.794	0.802	0.771	0.762	0.742	0.760	0.761	0.756	0.748	0.767	0.747	0.717	0.740	0.764
L	0.803	0.800	0.791	0.827	0.832	0.831	0.801	0.855	0.838	0.835	0.807	0.821	0.837	0.733	0.776	0.812
M	0.848	0.877	0.903	0.843	0.818	0.919	0.825	0.808	0.886	0.966	0.874	0.805	0.784	0.693	0.725	0.838
N	0.733	0.732	0.721	0.723	0.710	0.715	0.738	0.740	0.734	0.701	0.703	0.690	0.719	0.655	0.750	0.718
P	0.908	0.918	0.877	0.883	0.883	0.886	0.872	0.880	0.867	0.845	0.843	0.874	0.871	0.825	0.843	0.872
Q	0.803	0.791	0.780	0.828	0.654	0.648	0.645	0.620	0.630	0.631	0.643	0.743	0.791	0.679	0.736	0.708
R	0.843	0.794	0.803	0.813	0.792	0.796	0.802	0.821	0.812	0.790	0.762	0.738	0.806	0.703	0.739	0.788
S	0.810	0.817	0.791	0.813	0.785	0.799	0.746	0.727	0.730	0.733	0.707	0.700	0.718	0.663	0.728	0.751
行业平均	0.796	0.793	0.783	0.800	0.788	0.798	0.771	0.775	0.778	0.772	0.760	0.758	0.762	0.717	0.762	—

表 6-4 深市主板分行业融资效率

年份	2003	2004	2005	2006	2007	2008	2009	2010	2011	2012	2013	2014	2015	2016	2017	年度平均
A	0.824	0.801	0.768	0.803	0.804	0.816	0.781	0.763	0.762	0.735	0.713	0.708	0.724	0.656	0.715	0.758
B	0.772	0.743	0.739	0.770	0.760	0.776	0.755	0.755	0.765	0.781	0.771	0.739	0.762	0.695	0.739	0.755
C	0.800	0.805	0.790	0.809	0.796	0.802	0.789	0.803	0.793	0.774	0.764	0.769	0.771	0.726	0.781	0.785
D	0.748	0.751	0.744	0.746	0.724	0.736	0.720	0.718	0.719	0.733	0.695	0.701	0.689	0.638	0.698	0.717
E	0.879	0.848	0.806	0.777	0.782	0.804	0.788	0.804	0.860	0.834	0.814	0.845	0.802	0.735	0.749	0.809
F	0.815	0.827	0.803	0.826	0.808	0.819	0.816	0.823	0.841	0.852	0.824	0.796	0.794	0.760	0.800	0.814
G	0.750	0.760	0.736	0.743	0.774	0.747	0.726	0.731	0.728	0.698	0.681	0.690	0.707	0.669	0.728	0.724
H	0.737	0.720	0.713	0.775	0.766	0.752	0.730	0.735	0.754	0.768	0.756	0.733	0.725	0.662	0.677	0.733
I	0.815	0.826	0.766	0.777	0.785	0.798	0.770	0.742	0.726	0.742	0.733	0.732	0.753	0.690	0.739	0.760
J	0.891	0.849	0.821	0.867	0.881	0.870	0.853	0.854	0.832	0.831	0.813	0.845	0.869	0.803	0.838	0.848
K	0.789	0.771	0.765	0.759	0.750	0.741	0.739	0.723	0.758	0.773	0.748	0.757	0.747	0.722	0.747	0.753
L	0.799	0.789	0.783	0.783	0.776	0.780	0.707	0.734	0.742	0.731	0.709	0.697	0.672	0.640	0.692	0.736
N	0.711	0.737	0.677	0.697	0.686	0.699	0.675	0.716	0.740	0.706	0.726	0.734	0.712	0.657	0.696	0.705
R	0.798	0.779	0.802	0.822	0.860	0.819	0.818	0.805	0.789	0.762	0.787	0.730	0.716	0.665	0.715	0.778
S	0.805	0.798	0.778	0.817	0.794	0.794	0.787	0.765	0.772	0.768	0.789	0.763	0.77	0.701	0.762	0.777
行业平均	0.795	0.796	0.780	0.795	0.786	0.790	0.776	0.783	0.783	0.774	0.759	0.759	0.759	0.714	0.764	—

（H），水利、环境和公共设施管理业（N）的融资效率表现较差，这与沪市的情况相吻合，其中电力、热力、燃气及水生产和供应业（D），水利、环境和公共设施管理业（N）的融资效率得分最低，分别仅为 0.717 和 0.705，效率损失接近 30%，融资资源浪费严重。研究期间深市主板市场三大产业融资效率亦呈现波动下行态势，且第一产业下滑幅度最大。产业对比方面，2009 年之前第一产业融资效率略微优于第二产业，第二产业略微优于第三产业；2011 年之后，第一产业融资效率快速下滑，表现差于第二、三产业，第三产业则有一定的提升，超过了其他两个产业，如图 6-2 所示。

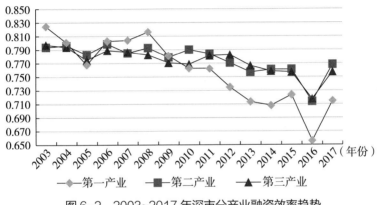

图 6-2 2003~2017 年深市分产业融资效率趋势

我国中小板分行业以及分产业融资效率评价结果如表 6-5 所示。从各行业融资效率年度均值来看，融资效率大致位于 0.7~1 的效率区间，表现好于沪市和深市主板，但行业之间的融资效率差距更显著。与深市主板一样，表现最好的是金融业（J），融资效率为 1，实现了最优的资源配置状态；建筑业（E），批发和零售业（F），租赁和商务服务业（L），科学研究和技术服务业（M），卫生和社会工作（Q），文化、体育和娱乐业（R）等行业的融资效率表现亦较为理想，效率得分均超过了 0.8，与沪市的表现比较接近；与沪深主板一样，电力、热力、燃气及水生产和供应业（D），交通运输、仓储和邮政业（G），水利、环境和公共设施管理业（N）表现不佳，其中电力、热力、燃气及水生产和供应业（D）的融资效率得分最低，没有超过 0.7，效率损失超过 30%。研究期间中小板市场三大产业融资效率除个别年份外，整体表现较为平稳。第三产业相比另外两个产业持续保持了融资效率优势，这与中小板市场的企业特点较为吻合，如图 6-3 所示。

表6-5 中小板市场分行业融资效率

年份	2008	2009	2010	2011	2012	2013	2014	2015	2016	2017	年度平均
A	0.783	0.779	0.786	0.790	0.777	0.784	0.735	0.738	0.688	0.754	0.761
B	0.753	0.709	0.745	0.744	0.713	0.754	0.691	0.727	0.690	0.777	0.730
C	0.796	0.774	0.788	0.786	0.780	0.748	0.755	0.762	0.703	0.760	0.765
D	0.701	0.677	0.684	0.689	0.700	0.699	0.710	0.702	0.675	0.723	0.696
E	0.864	0.848	0.834	0.845	0.813	0.807	0.808	0.842	0.768	0.828	0.826
F	0.889	0.886	0.876	0.859	0.886	0.810	0.782	0.794	0.740	0.779	0.830
G	0.810	0.740	0.769	0.783	0.769	0.707	0.641	0.693	0.627	0.707	0.724
H	0.803	0.787	0.824	0.734	0.772	0.782	0.774	0.796	0.742	0.809	0.782
I	0.799	0.774	0.792	0.784	0.794	0.750	0.765	0.759	0.703	0.772	0.769
J	1.000	1.000	1.000	1.000	1.000	1.000	1.000	1.000	1.000	1.000	1.000
K	0.763	0.772	0.773	0.809	0.817	0.770	0.779	0.761	0.752	0.765	0.776
L	0.842	0.821	0.843	0.845	0.865	0.805	0.889	0.873	0.815	0.855	0.845
M	0.856	0.852	0.900	0.922	0.921	0.877	0.861	0.896	0.810	0.869	0.876
N	0.765	0.776	0.751	0.793	0.763	0.713	0.719	0.727	0.670	0.731	0.741
Q	0.829	0.833	0.861	0.851	0.726	0.741	0.791	0.840	0.852	0.737	0.806
R	0.836	0.773	0.802	0.859	0.854	0.822	0.879	1.000	1.000	1.000	0.882
行业平均	0.801	0.780	0.794	0.793	0.787	0.756	0.762	0.769	0.712	0.767	—

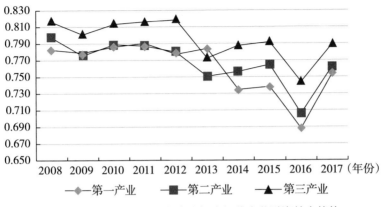

图6-3　2008~2017年中小板市场分产业融资效率趋势

　　我国创业板市场分行业以及分产业融资效率的评价结果如表6-6所示。从各行业融资效率年度均值来看，融资效率大致位于0.7~0.82的效率区间，表现最好的是批发和零售业（F），融资效率为0.823，效率损失接近20%；其余行业融资效率得分均低于0.8，普遍不理想，其中采矿业（B）的融资效率损失超过了30%，表现最差，不同于其他三个市场。创业板市场在四个资本市场的融资表现最差，且行业之间的融资效率差距也比较突出。相对于主板市场，我国创业板市场大多为创业型企业、中小企业和高科技产业企业，更具成长性，但同时蕴含着更大的投资风险，稳健性投资者往往规避创业板股票。同时与我们设想差距较大的是该板融资效率最高的并不是新技术新产业部门，也证明了创业板并未充分发挥为高科技企业融资的作用，这为及时推出科创板提供了实证依据。研究期间创业板市场三大产业融资效率趋势表现较为平稳，各产业间的融资效率亦差距不大，如图6-4所示。

表6-6　创业板市场分行业融资效率

年份	2013	2014	2015	2016	2017	年度平均
A	0.739	0.758	0.777	0.708	0.762	0.749
B	0.702	0.701	0.718	0.648	0.727	0.699
C	0.748	0.753	0.774	0.697	0.757	0.746
D	0.722	0.733	0.722	0.685	0.731	0.719
E	0.733	0.770	0.713	0.681	0.754	0.730

年份	2013	2014	2015	2016	2017	年度平均
F	0.774	0.803	0.872	0.786	0.880	0.823
G	0.801	0.768	0.747	0.715	0.796	0.765
I	0.754	0.762	0.778	0.700	0.748	0.748
L	0.673	0.699	0.766	0.732	0.738	0.721
M	0.767	0.803	0.788	0.797	0.754	0.782
行业平均	0.748	0.755	0.774	0.698	0.756	—

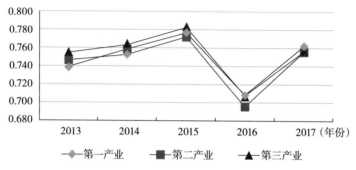

图6-4 2013~2017年创业板市场分产业融资趋势

通过比较各个行业、产业在四个市场间的融资效率发现：第一产业的融资效率在沪深主板、中小板、创业板间依次降低；第二产业中采矿业（B）、制造业（C）的融资效率在沪深主板、中小板、创业板间亦呈现出依次下降态势；第二产业中电力、热力、燃气及水生产和供应业（D）的融资效率在四个市场均徘徊在0.7左右的低水平，融资效率损失高达30%，在所有产业中排名最低，这可能与该行业是民生基础行业，产品价格的管制和缺乏竞争有关；第二产业中的建筑业（E）在主板和中小板市场的融资效率均较高达0.8以上，而在创业板中的融资效率仅为0.73，两者相差较大；在第三产业中，批发和零售业（F）在四个市场的融资效率均在0.8以上的较好水平，且市场间差别很小；交通运输、仓储和邮政业（G）在主板和中小板市场中的融资效率仅为0.72左右，即使在创业板市场也只有0.765；同样融资效率不高的还有水利、环境和公共设施管理业（N）为0.7左右，金融业（J）深市主板、中小板市场的融资效率最高，但在沪市主板市场的融资效率只有

0.76，具体如表 6-7 所示。

表 6-7　不同行业四个市场间融资效率

行业	沪市主板	深市主板	中小板	创业板
A	0.779	0.758	0.761	0.749
B	0.757	0.755	0.730	0.699
C	0.781	0.785	0.765	0.746
D	0.693	0.717	0.696	0.719
E	0.792	0.809	0.826	0.730
F	0.820	0.814	0.830	0.823
G	0.723	0.724	0.725	0.765
H	0.742	0.733	0.782	—
I	0.800	0.760	0.769	0.749
J	0.776	0.848	1.000	—
K	0.764	0.753	0.776	—
L	0.813	0.736	0.845	0.721
M	0.838	—	0.876	0.782
N	0.718	0.705	0.741	—
P	0.872	—	—	—
Q	0.708	—	0.806	—
R	0.788	0.778	0.882	—
S	0.751	0.777	—	—

四、第二阶段结果与分析

为了准确反映我国资本市场融资效率，本部分将在第二阶段采用面板随机前沿分析法（SFA）剔除类似股民投资热情（如股票换手率等）等外部环境因素和随机干扰因素的影响，还原出比较客观、理性的资本市场融资效率评价结果。具体是将第一阶段 SBM 模型计算得到的各企业松弛变量作为被解释变量，环境变量如市盈率（PE）、换手率（TR）和前十大股东持股比例（SR）作为解释变量，利用 Stata15 软件进行面板 SFA 回归分析，回归结果如表 6-8 所示。

表6-8　松弛量与环境变量的随机前沿回归结果

	投入1的松弛变量	投入2的松弛变量	投入3的松弛变量
常数项	—	0.0181*** （9.0900）	0.0154*** （16.0600）
市盈率	0.0005*** （0.7400）	0.0022*** （7.5100）	0.0009** （2.4500）
换手率	−0.0031*** （−4.2500）	0.0038*** （12.5100）	−0.0030*** （−7.6800）
前十大股东持股比例	−0.0043*** （−4.3600）	0.0041*** （9.5900）	−0.0033*** （−7.1300）
sigma-squared	0.1086*** （2.6894）	0.0001 （0.0468）	0.0050*** （4.5612）
gamma	0.9320*** （36.8521）	0.8440*** （41.6208）	0.8723*** （6.1168）
Log-likelihood function	16126.1010	31312.6850	27545.7220
Wald chi2	34.6600***	292.0500***	103.0500***

注：*、**、*** 分别表示在10%、5%、1%水平下显著。

从 Wald 卡方统计量的显著性可以看出，三个回归方程的拟合优度都较为理想，SFA 的回归结果较为可信。反映管理无效率项方差比重的 gamma 值分别为 0.932、0.844 和 0.8723，且均通过 1% 的显著性检验，说明我国资本市场无效率较大程度上受环境因素和随机因素影响，应该将其剔除才能准确评价融资效率。

在各环境变量中，市盈率对债务融资、内部融资、股权融资的松弛量系数为正，且在 1% 或 5% 的显著水平上，说明市盈率对各项融资投入均产生显著的正向影响。换手率对内部融资的松弛量系数为正，且在 1% 的水平上显著，说明换手率对内部融资投入均产生显著的正向影响；换手率对债务融资、股权融资的松弛量系数为负，且在 1% 的水平上显著，说明换手率对债务融资、股权融资投入均产生显著的负向影响，由此可认为换手率对各个融资投入指标的影响出现明显的差异。前十大股东持股比例对内部融资的松弛量系数为正，且在 1% 的水平上显著，说明大股东持股比例对内部融资投入均产生显著的正向影响；大股东持股比例对债务融资、股权融资的松弛量系数为负，且在 1% 的水平上显著，说明大股东持股比例对债务融资、股权融资投入均产生显著的负向影响，由此可认为大股东持股比例对各个融资投入指标的影响出现明显的差异。综上所述，环境变量对不同的投入有不同的作用方向和程度，环境变量的存在既有可能让资本市场融资效率高估，也会让融资效率低估，因此确实有必要剔除其干扰。

五、第三阶段结果与分析

从分市场和行业板块来看，第三阶段我国沪市分行业以及分产业全要素融资效率评价结果如表 6-9 所示。各行业年均 Malmquist 指数均大于 1，即研究期间各行业全要素融资效率均有所提升，其中电力、热力、燃气及水生产和供应业（D）表现最好，年均效率增速接近 10%。金融业和房地产业紧随其后，年均实现了 8.5% 以上的融资效率增速。交通运输、仓储和邮政业亦年均增长超过 8%。从年度变化趋势来看，如图 6-5 所示。2008 年和 2015 年是我国两个股市牛熊切换时点，各行业基本都出现了一次较大幅度的融资效率下跌，且随后均出现了较为明显的反弹，但后者反弹程度明显大于前者，主要原因在于前者与全球金融危机叠加，比较难以走出股市阴霾。研究期间，三大产业全要素融资效率整体呈现波动趋势，并不稳健，说明沪市资本市场在体制机制、监管举措以及市场投资行为等方面并不成熟，尚未形成一个健康的投融资环境。

我国深市分行业以及分产业全要素融资效率评价结果如表 6-10 所示。各行业年均 Malmquist 指数均大于 1，即行业全要素融资率均有所提升。与沪市主板类似，房地产业（K），交通运输、仓储和邮政业（G），金融业（J）表现较好。同时，文化、体育和娱乐业（R），公共管理、社会保障和社会组织（S）亦实现了较高的增速，说明新兴业态正逐步得到市场的认可，大消费时代正逐步到来，社会民生事业推进速度亦明显加快，股权投资机构对此类新兴业态展现出了较高的兴趣，资本支持力度明显加大。

如图 6-6 所示，三大产业全要素融资效率整体呈现波动趋势，并不稳健，说明深市资本市场在体制机制、监管举措以及市场投资行为等方面并不成熟，尚未形成一个健康的投融资环境。同沪市主板一样，第一产业融资效率波动幅度最大。

表6-9 沪市主板分行业全要素融资效率

年份	2004	2005	2006	2007	2008	2009	2010	2011	2012	2013	2014	2015	2016	2017	年度平均
A	1.238	1.321	0.820	1.087	0.985	1.211	0.913	0.981	1.045	0.936	1.030	0.979	1.439	0.760	1.053
B	1.199	1.139	1.072	1.111	1.007	1.109	0.902	1.055	1.029	1.031	1.038	0.887	1.431	0.913	1.066
C	1.176	1.194	0.983	1.145	0.966	1.041	1.011	0.994	1.006	1.094	1.004	0.950	1.328	0.846	1.053
D	1.515	1.041	1.217	1.000	0.956	1.108	1.071	0.948	1.091	1.057	0.998	1.090	1.383	0.874	1.096
E	1.077	1.157	0.926	1.104	0.967	1.136	0.952	0.903	1.191	1.047	1.006	0.890	1.362	0.897	1.044
F	1.091	1.156	0.952	1.129	0.944	1.053	0.978	1.022	0.997	1.107	0.983	0.912	1.217	0.897	1.031
G	1.356	1.149	1.079	1.103	0.987	1.030	1.046	0.912	1.094	1.079	1.020	0.986	1.387	0.907	1.081
H	1.203	1.258	0.907	1.116	0.981	0.993	1.055	0.864	1.107	1.090	1.085	0.935	1.377	0.786	1.054
I	1.104	1.194	0.899	1.175	0.937	1.135	0.931	1.004	1.039	1.102	0.998	0.979	1.289	0.805	1.042
J	1.114	1.155	1.353	1.238	1.002	0.952	1.148	1.066	0.927	1.197	0.956	0.974	1.338	0.838	1.090
K	1.284	1.186	1.004	1.173	0.925	1.162	0.998	0.902	1.103	1.137	0.995	1.029	1.386	0.911	1.085
L	1.136	1.125	0.958	1.235	0.888	1.038	1.044	1.243	0.934	1.224	1.017	1.029	1.199	0.810	1.063
M	0.951	1.259	1.414	0.936	0.899	0.753	1.333	0.957	0.724	1.003	0.968	1.606	1.309	0.687	1.057
N	1.648	0.882	0.984	1.030	0.904	1.264	0.939	0.969	1.066	1.050	1.059	0.932	1.411	0.745	1.063
P	0.883	1.307	0.711	1.401	0.936	0.983	1.115	0.892	1.089	1.374	1.185	0.837	1.394	0.791	1.064
Q	1.162	1.377	0.735	1.122	0.911	0.845	1.138	0.896	0.959	1.192	0.967	1.033	1.564	0.398	1.021
R	1.135	1.234	0.925	1.061	1.026	1.060	0.986	1.051	0.935	1.191	0.970	0.956	1.432	0.738	1.050
S	1.206	1.349	0.930	1.152	0.899	1.044	0.999	0.909	1.140	1.047	1.015	0.893	1.593	0.734	1.065
行业平均	1.205	1.177	1.000	1.133	0.960	1.062	1.007	0.984	1.029	1.095	1.003	0.962	1.337	0.856	1.058

表6-10　深市主板分行业全要素融资效率

年份	2004	2005	2006	2007	2008	2009	2010	2011	2012	2013	2014	2015	2016	2017	年度平均
A	1.128	1.282	0.878	1.260	0.936	1.102	0.954	0.945	1.065	1.157	0.937	0.888	1.429	0.813	1.055
B	1.212	1.121	1.095	1.185	0.989	1.027	0.948	0.975	1.066	1.068	0.932	0.873	1.554	0.885	1.066
C	1.144	1.161	1.031	1.128	0.972	1.061	1.030	0.995	1.011	1.074	1.015	0.947	1.324	0.856	1.054
D	1.221	1.086	1.051	1.051	0.982	1.081	1.003	1.017	1.111	1.022	1.010	0.970	1.405	0.838	1.060
E	1.119	1.215	0.944	0.996	1.038	1.156	1.044	0.999	1.077	1.045	0.951	1.061	1.299	0.812	1.054
F	1.186	1.145	0.997	1.087	0.984	1.109	0.965	1.014	1.024	1.078	1.004	0.903	1.247	0.862	1.043
G	1.267	1.213	0.930	1.345	0.864	1.211	0.881	0.973	1.119	1.049	0.993	0.968	1.453	0.922	1.085
H	1.242	1.053	1.016	1.164	0.986	1.239	0.766	1.012	1.033	1.109	0.907	0.870	1.527	0.776	1.050
I	1.320	1.119	1.124	1.149	0.990	1.014	0.944	0.976	1.084	1.130	0.935	0.889	1.330	0.848	1.061
J	1.272	0.956	1.291	1.244	0.856	1.285	0.932	0.985	0.981	1.181	0.884	1.139	1.323	0.862	1.085
K	1.407	1.201	0.957	1.255	0.905	1.252	0.998	0.946	1.156	1.082	0.916	1.077	1.389	0.902	1.103
L	1.279	1.247	0.974	1.109	0.892	0.946	1.229	0.868	1.228	1.154	0.867	0.947	1.409	0.921	1.076
N	1.435	1.108	0.967	1.078	0.890	1.137	1.128	0.877	1.060	1.055	1.101	0.919	1.349	0.781	1.063
R	1.146	1.444	1.083	1.115	1.148	1.100	1.090	1.290	0.906	1.032	1.035	0.931	1.412	0.725	1.104
S	1.402	1.079	1.110	1.221	0.920	1.118	0.981	0.935	1.074	1.005	1.020	0.992	1.518	0.855	1.088
行业平均	1.200	1.159	1.025	1.141	0.963	1.096	1.010	0.993	1.045	1.073	0.994	0.958	1.349	0.858	1.062

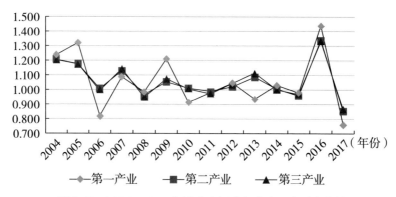

图 6-5　2004~2017 年沪市主板分行业全要素融资趋势

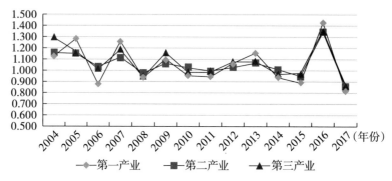

图 6-6　2004~2017 年深市主板分行业融资效率趋势

第三阶段我国中小板市场分行业以及分产业全要素融资效率评价结果如表 6-11 所示，大部分行业年均 Malmquist 指数均大于 1，即行业全要素融资率均有所提升，金融业（J）表现最好。个别行业年均出现全要素效率下滑现象，批发和零售业（F）除在 2011 年、2013 年、2016 年度略高于 1 外，其他年份均小于 1，且年度均值小于 1。这表明，市场饱和和新旧业态的转换对该行业的影响不容小觑。

如图 6-7 所示，三大产业全要素融资效率呈现类似的波动变化趋势，表现并不稳健，在 2013 年第一产业全要素融资效率与第二、三产业全要素融资效率出现背离情况，但从 2014 年以后与第二、三产业趋同，可能的原因是第二、三产业在经济走出金融危机的影响后更容易获得融资市场的青睐。

表6-11　中小板市场分行业全要素融资效率

年份	2009	2010	2011	2012	2013	2014	2015	2016	2017	年度平均
A	1.175	0.957	0.897	1.048	0.992	1.011	0.957	1.450	0.729	1.024
B	1.136	0.924	0.950	1.054	1.034	1.017	0.896	1.316	0.939	1.029
C	1.075	0.916	0.946	0.994	1.140	1.021	0.907	1.326	0.835	1.018
D	1.037	0.932	0.920	1.034	1.044	1.048	0.977	1.445	0.840	1.031
E	1.006	0.941	0.934	1.028	1.100	1.027	0.887	1.289	0.909	1.013
F	0.967	0.943	1.068	0.913	1.080	0.992	0.918	1.113	0.949	0.993
G	0.911	0.995	0.960	1.097	0.998	1.050	0.988	1.384	1.008	1.043
H	1.152	0.833	1.061	1.048	1.084	1.044	0.865	1.135	0.836	1.006
I	1.103	0.903	0.906	1.047	1.139	1.005	0.918	1.464	0.787	1.030
J	2.020	1.429	0.421	2.238	1.526	0.684	1.901	0.998	1.012	1.359
K	1.238	1.057	0.785	1.179	1.131	0.836	0.953	1.450	0.847	1.053
L	0.910	1.124	0.978	1.288	1.094	0.975	0.883	1.412	0.907	1.063
M	1.173	0.891	1.039	1.036	1.164	1.017	0.832	1.175	0.797	1.014
N	1.125	0.909	1.020	1.032	1.084	0.948	1.030	1.347	0.776	1.030
Q	1.086	0.825	1.108	1.088	0.964	0.960	0.826	1.596	0.844	1.033
R	0.940	0.964	0.888	0.939	1.185	1.582	1.000	0.976	0.945	1.046
行业平均	1.079	0.927	0.942	1.018	1.129	1.014	0.915	1.338	0.838	1.022

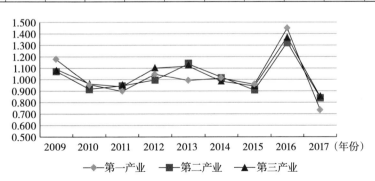

图6-7　2009~2017年中小板市场分行业融资效率趋势

第三阶段我国创业板市场分行业以及分产业全要素融资效率评价结果如表 6-12 所示：大部分行业年均 Malmquist 指数均大于 1，全要素融资率呈上升趋势。其中电力、热力、燃气及水生产和供应业（D）表现最好，交通运输、仓储和邮政业（G）和科学研究和技术服务业（M）的年度均值小于 1。如图 6-8 所示，三大产业全要素融资效率整体波动较大，极不稳健，创业板市场的投机行为较多，监管缺位现象较为严重。

表 6-12　创业板市场分行业全要素融资效率

年份	2014	2015	2016	2017	年度平均
A	0.989	0.935	1.479	0.714	1.029
B	0.956	0.862	1.557	0.769	1.036
C	1.005	0.901	1.377	0.794	1.019
D	1.053	1.045	1.462	0.906	1.117
E	0.989	1.048	1.281	0.805	1.031
F	0.959	1.066	1.309	0.923	1.064
G	1.001	0.778	1.298	0.826	0.976
I	1.009	0.919	1.347	0.756	1.008
L	0.976	1.174	1.336	0.922	1.102
M	0.837	0.912	1.322	0.885	0.989
行业平均	1.004	0.910	1.373	0.789	1.019

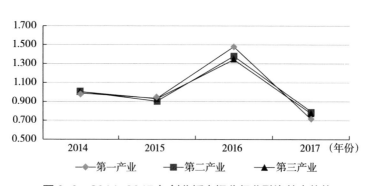

图 6-8　2014~2017 年创业板市场分行业融资效率趋势

从市场层面来看，沪深主板市场的行业平均融资效率增长幅度高于中小板及创业板市场，深市主板的融资效率的增长率达到6.2%，而创业板的融资效率增长幅度只有1.9%，创业板的规模效率增长率以及技术进步均为负增长，尽管其纯技术效率的增长已达到14%，但仍不能促进创业板融资效率的提升。沪市主板市场中的绝大多数行业在技术效率变化、技术进步、纯技术效率变化中均有增长且行业间比较平稳，沪市只有电力、热力、燃气及水生产和供应业（D），科学研究和技术服务业（M），水利、环境和公共设施管理业（N），卫生和社会工作（Q）行业的规模效率变化不大，这些行业均属于公共服务类或是科学研究类行业，其公共属性决定了大量的资本需求与较低的投资产出。

从行业层面来看，除了中小板的批发和零售业外，所有产业的融资效率均实现不同程度的增长，金融业（J）、房地产业（K）、文化娱乐产业（R）在所有市场板块的融资效率增幅较大，说明近年来以该三大行业为代表的第三产业越来越多受到资本市场的青睐；从全要素指标的分解来看，绝大多数行业在技术进步、纯技术效率、技术效率指标均保持增长，但在规模效率指标中，创业板几乎所有样本公司所在行业的规模效率为负增长，餐饮业（H）在所有市场的规模融资效率指标为负，这可能是由餐饮业资本规模小、投资分散造成的，如表6-13所示。

六、资本市场融资效率的时空分析

通过使用三阶段SBM模型、Malmquist指数方法计算我国沪深主板市场（观测年度：2004~2017年）、中小板市场（观测年度：2009~2017年）、创业板市场（观测年度：2014~2017年）共计1745家企业的融资效率，将其按省域、按市场进行分类和汇总，可以较为全景地展现中国省域各个资本市场的融资效率。

1. 时间序列特征分析

鉴于篇幅所限，本部分仅对第三阶段的各个市场的融资效率，即全要素融资效率进行时间序列分析，如表6-14、表6-15、表6-16、表6-17所示。从中国资本市场的全要素融资效率的均值来看，如图6-9、图6-10所示，沪市主板、深市主板、中小板、创业板的融资效率在不同年度间波动

表6-13 行业全要素融资效率指数分解

行业效率 市场	effch（技术效率变化）				techch（技术进步）				pech（纯技术效率变化）				sech（规模效率变化）				tfpch（Malmquist 指数）			
	沪市	深市	中小板	创业板	沪市	深市	中小板	创业板	沪市	深市	中小板	创业板	沪市	深市	中小板	创业板	沪市	深市	中小板	创业板
A	1.051	1.060	1.033	1.082	1.055	1.058	1.042	0.955	1.049	1.045	1.034	1.160	1.002	1.014	0.999	0.932	1.053	1.055	1.024	1.029
B	1.078	1.074	1.029	1.135	1.059	1.055	1.034	0.939	1.057	1.067	1.023	1.188	1.020	1.007	1.006	0.956	1.066	1.066	1.029	1.036
C	1.052	1.057	1.039	1.108	1.052	1.049	1.023	0.942	1.050	1.050	1.035	1.142	1.002	1.007	1.004	0.970	1.053	1.054	1.018	1.019
D	1.084	1.069	1.067	1.100	1.078	1.056	1.031	1.008	1.089	1.068	1.071	1.176	0.995	1.001	0.997	0.935	1.096	1.060	1.031	1.117
E	1.060	1.078	1.031	1.081	1.049	1.064	1.033	0.977	1.051	1.059	1.034	1.128	1.009	1.018	0.997	0.958	1.044	1.054	1.013	1.031
F	1.034	1.042	1.000	1.119	1.039	1.040	1.012	0.964	1.031	1.039	1.004	1.110	1.003	1.003	0.996	1.008	1.031	1.043	0.993	1.064
G	1.081	1.086	1.069	1.041	1.073	1.069	1.068	0.943	1.080	1.078	1.051	1.075	1.001	1.007	1.017	0.968	1.081	1.085	1.043	0.976
H	1.055	1.043	1.002	0.000	1.058	1.045	1.026	0.000	1.062	1.060	1.010	0.000	0.993	0.984	0.993	0.000	1.054	1.050	1.006	0.000
I	1.043	1.064	1.045	1.095	1.057	1.048	1.030	0.935	1.041	1.065	1.032	1.148	1.002	0.999	1.012	0.954	1.042	1.061	1.030	1.008
J	1.070	1.069	1.245	0.000	1.100	1.085	1.276	0.000	1.041	1.061	1.000	0.000	1.027	1.008	1.245	0.000	1.090	1.085	1.359	0.000
K	1.086	1.095	1.098	0.000	1.084	1.073	1.035	0.000	1.081	1.085	1.098	0.000	1.005	1.009	1.000	0.000	1.085	1.103	1.053	0.000
L	1.119	1.092	1.066	1.108	1.059	1.088	1.035	1.035	1.078	1.081	1.049	1.190	1.038	1.011	1.016	0.931	1.063	1.076	1.063	1.102
M	1.053	0.000	1.005	1.074	1.060	0.000	1.027	0.927	1.054	0.000	1.015	1.099	0.999	0.000	0.990	0.977	1.057	0.000	1.014	0.989
N	1.067	1.056	1.062	0.000	1.046	1.053	1.034	0.000	1.076	1.066	1.058	0.000	0.991	0.990	1.004	0.000	1.063	1.063	1.030	0.000
P	1.083	0.000	0.000	0.000	1.073	0.000	0.000	0.000	1.065	0.000	0.000	0.000	1.017	0.000	0.000	0.000	1.064	0.000	0.000	0.000
Q	1.018	0.000	1.058	0.000	1.073	1.087	1.013	0.000	1.044	0.000	1.049	0.000	0.975	1.009	1.009	0.000	1.021	0.000	1.033	0.000
R	1.049	1.071	1.145	0.000	1.052	1.072	1.026	0.000	1.042	1.061	1.074	0.000	1.007	1.010	1.067	0.000	1.050	1.104	1.046	0.000
S	1.067	1.075	0.000	0.000	1.066	1.054	0.000	0.000	1.067	1.065	0.000	0.000	1.000	1.006	0.000	0.000	1.065	1.088	0.000	1.019
平均	1.058	1.064	1.042	1.105	1.057	1.054	1.027	0.942	1.055	1.057	1.036	1.144	1.003	1.006	1.005	0.966	1.058	1.062	1.022	1.019

表 6-14　第三阶段沪市全要素融资效率

年份 省份	2004	2005	2006	2007	2008	2009	2010	2011	2012	2013	2014	2015	2016	2017	总计
安徽	1.287	1.081	1.072	1.072	0.948	0.990	1.140	1.013	0.932	1.117	1.000	0.889	1.348	0.861	1.053
北京	1.185	1.187	0.984	1.087	0.970	1.102	0.985	0.985	1.016	1.095	1.019	0.923	1.279	0.891	1.051
福建	1.194	1.199	0.939	1.107	0.967	1.033	1.031	1.007	0.984	1.092	1.021	0.933	1.339	0.876	1.052
甘肃	1.193	1.271	0.921	1.281	1.020	0.938	1.024	0.994	0.984	1.179	0.997	0.751	1.592	0.885	1.074
广东	1.217	1.176	0.951	1.149	0.955	1.074	0.995	0.967	1.059	1.114	1.018	1.045	1.316	0.893	1.066
广西	1.468	1.043	1.138	1.028	0.974	1.073	1.303	0.878	1.161	1.063	0.936	1.144	1.323	0.870	1.100
贵州	1.138	1.191	0.923	1.146	1.060	0.901	0.924	1.136	1.072	1.034	0.994	0.871	1.327	0.878	1.042
海南	1.268	1.188	1.088	1.127	0.824	1.099	1.192	0.981	0.992	1.026	1.024	0.890	1.566	0.801	1.076
河北	1.279	1.220	0.905	1.092	1.016	0.964	1.091	0.962	0.984	1.172	0.978	0.942	1.363	0.869	1.060
河南	1.269	1.131	1.042	1.106	0.949	0.974	1.130	0.963	1.041	0.976	1.127	0.996	1.320	0.891	1.065
黑龙江	1.350	1.301	0.838	1.108	1.004	1.190	0.830	0.948	1.068	0.981	0.962	1.111	1.282	0.838	1.058
湖北	1.257	1.203	1.038	1.132	1.000	1.065	1.037	1.017	1.106	1.052	0.999	0.957	1.317	0.860	1.074
湖南	1.057	1.170	1.058	1.110	0.978	1.035	0.986	1.067	0.969	1.012	0.971	1.117	1.350	0.786	1.048
吉林	1.311	1.344	0.961	1.194	0.973	1.131	0.912	0.927	1.066	1.127	0.957	0.933	1.407	0.836	1.077
江苏	1.135	1.166	0.941	1.194	0.938	1.139	0.931	0.935	1.064	1.157	0.991	0.943	1.326	0.840	1.050
江西	1.252	1.150	0.998	1.121	0.913	1.058	0.939	1.001	0.996	1.122	1.036	0.936	1.280	0.868	1.048

省份\年份	2004	2005	2006	2007	2008	2009	2010	2011	2012	2013	2014	2015	2016	2017	总计
辽宁	1.305	1.057	1.167	1.098	0.925	1.048	0.978	1.004	0.995	1.088	0.992	0.970	1.375	0.866	1.062
内蒙古	1.280	1.214	0.967	1.127	0.916	1.054	1.026	0.995	1.031	1.115	0.968	0.890	1.461	0.846	1.064
宁夏	1.085	1.226	0.994	1.153	0.985	0.974	0.965	0.948	1.085	1.068	0.961	0.907	1.265	0.812	1.031
青海	1.128	1.143	0.972	1.250	0.984	1.430	0.867	0.972	1.013	1.009	0.981	0.870	1.535	0.762	1.065
山东	1.202	1.134	1.047	1.145	0.947	1.156	1.027	1.038	0.968	1.077	1.008	0.941	1.350	0.876	1.066
山西	1.251	1.172	1.017	1.160	0.991	0.933	0.971	1.065	1.011	0.923	0.945	1.219	1.385	0.880	1.066
陕西	1.118	1.163	0.892	1.137	1.037	1.009	0.948	0.934	1.084	1.107	1.087	1.025	1.367	0.834	1.053
上海	1.152	1.186	1.017	1.148	0.961	1.048	1.016	0.983	1.033	1.103	0.993	0.946	1.312	0.842	1.053
四川	1.186	1.165	1.149	1.081	0.967	1.113	0.936	0.963	1.100	1.043	1.016	0.968	1.386	0.805	1.063
天津	1.069	1.230	0.944	1.170	0.973	0.951	1.072	1.044	1.030	1.068	1.020	0.991	1.360	0.848	1.055
西藏	1.463	1.323	0.820	1.001	0.945	1.203	1.080	0.882	1.031	1.038	1.002	0.949	1.281	0.886	1.064
新疆	1.223	1.222	1.041	1.169	1.001	0.981	1.113	1.006	1.025	1.067	0.970	0.978	1.457	0.858	1.079
云南	1.195	1.272	0.996	1.068	0.944	1.026	1.038	1.111	1.004	1.262	0.899	1.008	1.192	0.921	1.067
浙江	1.208	1.160	0.973	1.145	0.938	1.038	1.002	0.972	0.997	1.165	1.016	0.944	1.314	0.837	1.051
重庆	1.325	1.109	1.103	1.089	0.941	1.048	1.084	0.892	1.104	1.033	1.014	0.982	1.348	0.922	1.071
平均	1.205	1.177	1.000	1.133	0.960	1.062	1.007	0.984	1.029	1.095	1.003	0.962	1.337	0.856	1.058

表6-15　第三阶段深市全要素融资效率

年份 省份	2004	2005	2006	2007	2008	2009	2010	2011	2012	2013	2014	2015	2016	2017	总计
安徽	1.142	1.260	0.972	1.171	0.927	1.093	0.964	0.980	1.013	1.104	0.998	0.935	1.289	0.833	1.049
北京	1.240	1.185	1.002	1.198	0.873	1.103	0.980	0.995	1.124	1.059	1.034	0.936	1.396	0.852	1.070
福建	1.331	1.252	1.066	1.100	0.975	1.246	0.857	0.962	1.209	1.046	0.946	1.026	1.279	0.917	1.086
甘肃	0.931	1.313	1.024	1.056	0.998	1.130	1.250	1.539	1.011	0.803	0.938	1.198	1.394	0.973	1.111
广东	1.140	1.161	0.996	1.107	0.966	1.128	0.986	0.968	1.058	1.085	0.991	0.949	1.345	0.868	1.053
广西	1.336	1.082	0.982	1.190	0.905	1.028	1.135	0.840	1.037	1.019	0.948	1.011	1.490	0.807	1.058
贵州	1.241	1.147	0.985	1.186	0.962	1.240	1.005	0.954	0.973	1.232	0.920	1.005	1.288	0.871	1.072
海南	1.354	0.876	1.440	1.101	0.999	1.023	1.235	0.937	1.011	0.978	0.917	1.081	1.601	0.808	1.097
河北	1.151	1.086	0.977	1.098	0.983	1.077	1.119	0.989	0.981	0.967	1.037	1.017	1.318	0.868	1.048
河南	1.022	1.156	1.103	1.118	0.914	1.085	0.859	0.991	1.072	1.012	1.031	0.881	1.378	0.836	1.033
黑龙江	1.148	1.332	0.888	1.140	0.906	1.221	1.266	0.857	0.992	1.023	1.055	0.848	1.334	0.937	1.068
湖北	1.274	1.046	1.036	1.144	0.927	1.094	0.993	0.933	0.988	1.076	1.038	0.958	1.296	0.831	1.045
湖南	1.253	1.141	1.013	1.195	1.017	1.109	1.038	1.037	1.050	0.973	0.974	1.077	1.442	0.887	1.086
吉林	1.101	1.214	0.951	1.307	0.861	1.207	0.863	1.018	1.064	1.015	1.056	1.020	1.370	0.813	1.061
江苏	1.152	1.139	0.950	1.188	1.006	1.118	0.958	1.070	0.985	1.149	0.987	0.888	1.329	0.832	1.054
江西	1.114	1.137	1.054	1.149	0.962	1.134	1.029	0.975	1.133	1.181	0.995	0.960	1.320	0.791	1.067
辽宁	1.229	1.175	0.960	1.092	0.947	1.021	1.095	0.947	1.139	1.015	1.062	0.861	1.361	0.865	1.055
内蒙古	1.373	1.272	0.954	1.073	0.949	1.219	0.958	0.948	1.392	0.924	1.089	0.966	1.512	0.901	1.109
宁夏	1.123	1.159	1.254	1.013	0.947	0.950	1.106	0.934	0.982	1.224	0.897	0.763	1.622	0.784	1.054
青海	2.511	0.535	1.094	1.202	1.223	1.144	0.936	0.812	1.032	0.971	0.964	1.018	1.545	0.870	1.133

续表

省份＼年份	2004	2005	2006	2007	2008	2009	2010	2011	2012	2013	2014	2015	2016	2017	总计
山东	1.154	1.187	1.004	1.123	0.996	1.025	0.983	1.052	0.979	1.180	1.048	0.963	1.224	0.887	1.058
山西	1.249	1.089	0.945	1.221	0.966	0.919	1.082	1.088	0.911	0.945	0.954	0.924	1.487	0.973	1.054
陕西	1.440	1.209	1.087	1.117	1.015	1.145	0.910	0.927	1.003	1.159	1.038	0.844	1.363	0.754	1.072
四川	1.164	1.212	1.120	1.153	1.038	1.059	1.005	1.061	1.031	1.064	0.944	0.940	1.304	0.789	1.063
天津	1.607	1.013	1.138	1.095	1.168	1.122	1.022	0.822	1.141	1.060	0.935	0.978	1.447	0.969	1.108
西藏	1.094	1.190	0.798	1.165	0.998	1.093	1.072	0.848	1.006	1.470	0.879	0.918	1.495	0.723	1.054
新疆	1.134	1.319	1.226	1.149	0.922	1.001	1.290	1.104	1.080	0.944	0.890	1.041	1.466	0.812	1.098
云南	1.324	1.176	1.000	1.098	0.814	0.990	1.077	0.921	1.020	1.161	0.956	1.011	1.288	0.870	1.050
浙江	1.118	1.239	1.179	1.070	1.019	0.996	1.011	1.049	1.034	1.031	1.015	0.913	1.189	0.854	1.051
重庆	0.934	1.179	0.983	1.338	0.855	1.136	0.974	0.890	1.041	1.100	1.036	0.939	1.347	0.914	1.048
平均	1.200	1.159	1.025	1.141	0.963	1.096	1.010	0.993	1.045	1.073	0.994	0.958	1.349	0.858	1.062

表6-16 第三阶段中小板全要素融资效率

省份＼年份	2009	2010	2011	2012	2013	2014	2015	2016	2017	总计
安徽	1.146	0.936	0.976	0.929	1.118	1.033	0.841	1.323	0.896	1.022
北京	1.174	0.827	0.993	1.025	1.158	1.032	0.809	1.354	0.794	1.018
福建	1.094	0.795	0.962	1.039	1.055	1.068	0.889	1.374	0.810	1.010
甘肃	1.049	1.254	1.030	0.939	1.179	0.832	0.816	1.399	0.803	1.033
广东	1.068	0.952	0.928	1.031	1.178	1.011	0.908	1.314	0.831	1.025

续表

年份 省份	2009	2010	2011	2012	2013	2014	2015	2016	2017	总计
广西	0.858	0.903	0.966	1.266	1.002	1.003	1.037	1.394	0.739	1.019
贵州	1.309	0.706	1.051	0.994	1.184	0.988	0.898	1.361	0.809	1.033
河北	1.124	0.915	0.861	1.121	1.102	0.880	0.953	1.291	0.885	1.015
河南	1.021	0.925	0.914	1.017	1.113	1.027	0.927	1.342	0.861	1.016
湖北	1.167	0.762	0.984	1.020	1.253	1.048	0.934	1.398	0.870	1.049
湖南	1.145	0.908	0.986	0.956	1.123	0.999	0.891	1.281	0.910	1.022
吉林	1.051	0.821	0.763	1.236	1.032	1.062	0.958	1.424	0.797	1.016
江苏	1.057	0.934	0.964	1.001	1.101	1.032	0.955	1.233	0.853	1.015
江西	0.967	1.138	0.945	0.956	1.180	0.934	0.925	1.297	0.907	1.027
辽宁	1.220	0.886	0.932	0.940	0.992	0.989	1.130	1.451	0.815	1.039
内蒙古	1.061	0.834	0.928	1.092	1.049	0.995	0.892	1.429	0.806	1.009
山东	1.047	0.911	0.937	1.036	1.127	1.030	0.872	1.392	0.823	1.020
陕西	0.934	1.054	0.917	1.056	0.978	1.008	0.968	1.466	0.783	1.018
上海	1.180	0.829	0.997	1.003	1.100	1.046	0.920	1.336	0.812	1.025
四川	1.009	0.965	0.947	0.984	1.165	1.044	0.922	1.363	0.825	1.025
天津	0.722	1.473	0.831	0.800	1.131	0.954	0.965	1.521	0.817	1.024
新疆	1.040	0.883	0.931	0.983	1.222	0.932	0.988	1.328	0.894	1.022
云南	1.137	0.894	0.970	1.083	1.001	0.985	1.073	1.373	0.743	1.029
浙江	1.079	0.940	0.916	1.024	1.132	1.010	0.904	1.365	0.850	1.024
平均	1.079	0.927	0.942	1.018	1.129	1.014	0.915	1.338	0.838	1.022

表6-17 第三阶段创业板全要素融资效率

年份 省份	2014	2015	2016	2017	总计
安徽	0.969	0.961	1.276	0.821	1.007
北京	0.989	0.907	1.381	0.763	1.010
福建	0.971	0.868	1.357	0.756	0.988
甘肃	0.984	1.075	1.270	0.738	1.017
广东	0.990	0.920	1.364	0.817	1.023
海南	1.005	0.872	1.684	0.670	1.058
河北	0.943	0.794	1.395	0.834	0.992
河南	0.982	0.877	1.426	0.758	1.011
黑龙江	1.073	1.470	1.066	0.756	1.091
湖北	1.026	0.935	1.413	0.849	1.056
湖南	0.987	0.788	1.490	0.825	1.022
吉林	0.914	1.436	1.374	0.822	1.137
江苏	0.989	0.894	1.368	0.797	1.012
江西	1.101	0.822	1.364	0.745	1.008
辽宁	0.997	0.823	1.403	0.782	1.001
内蒙古	0.900	0.956	1.415	0.708	0.995
山东	1.077	0.877	1.332	0.789	1.019
山西	1.013	0.971	1.320	0.768	1.018
陕西	0.976	0.896	1.541	0.799	1.053
上海	1.028	0.918	1.307	0.798	1.013
四川	1.008	0.993	1.466	0.787	1.063
天津	0.969	0.816	1.382	0.723	0.973
新疆	0.993	0.904	1.440	0.708	1.011
云南	1.039	1.005	1.590	0.603	1.059
浙江	1.057	0.941	1.344	0.765	1.027
重庆	1.004	0.806	1.547	0.829	1.047
平均	1.004	0.910	1.373	0.789	1.019

明显，主板市场在 2004 年、2005 年、2007 年、2009 年、2012 年、2013 年、2016 年的全要素融资效率大于 1，而在 2008 年、2011 年、2015 年、2017 年的全要素融资效率低于 1；中小板市场在 2009 年、2013 年、2016 年的全要素融资效率大于 1，其他年份均小于 1；创业板市场只有 2016 年的全要素融资效率大于 1，其他年份均小于 1。

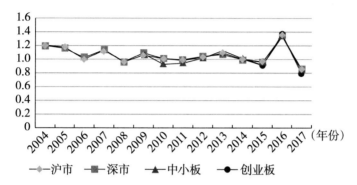

图 6-9　2004~2017 年资本市场全要素融资效率分市场趋势演变

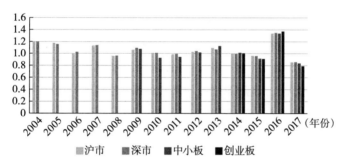

图 6-10　2004~2017 年资本市场全要素融资效率分市场比较

从全要素融资效率的年度极值来看，2016 年四个市场的全要素融资效率均超过 1.2，达到最大值，而在 2017 年四个市场的全要素融资效率均出现大幅度下滑，跌至 0.8~0.9。各个市场间的全要素融资效率是随时间变化呈现出同增同涨的态势，市场间的融资效率差距很小，以沪市和深市为代表的主板市场的总体表现好于中小板和创业板市场，创业板市场在多数年份的融资效率在各市场中排名垫底，只在 2016 年中超过其他市场，说明创业板市场的融资效率波动最大。中国资本市场的融资效率之所以呈现如此的时间演化特征的原因在于，资本市场是经济的晴雨表，受经济周期的作用明显，资本市场融资效率出现低谷的时期恰是 2008 年国际金融危机爆发拖累经济之时，从那时起经济结构、产能结构进行深度调整，去杠杆、去产能使得一些行业产出不足，致使融资效率不高。

2. 空间差异与演化分析

为了更加直观地反映省域各市场第一阶段和第三阶段融资效率的差异，绘制出融资效率均值雷达图，如图 6-11、图 6-12、图 6-13、图 6-14 所示。

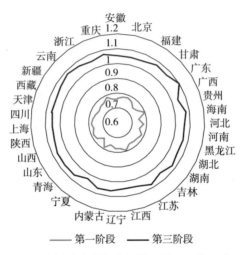

图 6-11 2004~2017 年省域沪市主板市场第一阶段至第三阶段融资效率均值雷达

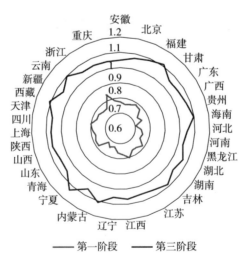

图 6-12 2004~2017 年省域深市主板市场第一阶段至第三阶段融资效率均值雷达

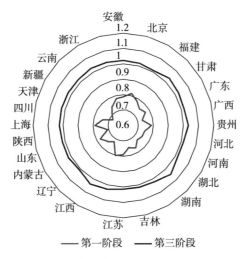

图 6-13 2009~2017 年省域中小板市场第一阶段至第三阶段融资效率均值雷达

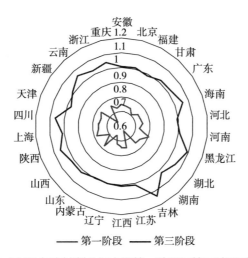

图 6-14 2014~2017 年省域创业板市场第一阶段至第三阶段融资效率均值雷达

从第一阶段各市场的融资效率来看，主板市场、中小板市场以及创业板市场的融资效率均小于 1，说明其融资效率不足。从雷达图的形态看，沪市主板市场的雷达图相对平滑，说明该市场各省份间融资效率的波动幅度差别不大，各省间的波动在 0.7~0.8，高值区出现在贵州超过 0.8，其次是宁夏、上海、山西、浙江等区域在 0.78 左右，低值区出现在海南、上海、西藏等地在 0.74 左右。深市主板雷达图呈现出较明显的向外辐射，说明该市场各省份间融资效率的波动幅度较大，各省间的波动在 0.7~0.83，高值区出现在浙江达到 0.83，其次是四川、江苏等区域在 0.8 以上，低值区出现在海南为 0.70。中小板和创业板的整体融资效率均低于主板市场，主要集中在 0.6 的区域周围，且从雷达图的形态来看，创业板市场各省份间的融资效率差异十分明显，中小板的高值区是北京达到 0.81，低值区为天津仅为 0.67，创业板的高值区是黑龙江达到 0.8，低值区为云南和吉林。

从第三阶段各市场的融资效率来看，除了创业板市场的天津和河北外，其他主板市场、中小板市场以及创业板市场的融资效率均大于 1，说明其融资效率在研究期间均有所增长。第一阶段和第三阶段融资效率的变化说明第二阶段中对于市盈率、换手率、大股东占比等环境变量的剔除分析是有效的，当将这些市场投机、噪声等扰动因素剔除后各市场的融资效率出现增长。从第三阶段各市场的雷达图形态来看，沪市主板和中小板市场更加平滑，深市主板次之，创业板最差，它们均较之第一阶段有很大改善，这说明第三阶段各个市场地区间融资效率的差异在缩小。从融资效率的绝对值来看，深市主板市场的总体融资效率最高，青海、内蒙古、海南、天津、甘肃、新疆等地的融资效率增幅超过 10%。沪市主板的总体融资效率增长率位列其次，除宁夏外其他所有省份的融资效率均在 1.04 以上，说明各地全要素融资效率在研究期间出现 4% 以上的增长，但各地增长的速度并不一致，融资效率增长最快的省份为广西达到 10%，甘肃、吉林、海南、新疆等地的融资效率增长紧随其后在 8% 左右，一些传统意义上经济发达的地区如北京、上海、广东、浙江、江苏等的全要素融资效率增长在 5% 左右，相对较为稳定。中小板市场各地融资效率增加值在 2%~3%，而创业板中融资效率地区间的差异非常明显，吉林的融资效率增幅超过 13%，天津、河北的融资效率出现负增长。

第二节　模型、变量与数据

一、模型设计与变量说明

与前文相同，在研究资本市场融资效率对产业结构调整的影响时依然考虑空间滞后模型（SLM）、空间误差模型（SEM）、空间杜宾模型（SDM）

三种模型进行实证研究。

设计的空间滞后模型、空间误差模型、空间杜宾模型如式（6-9）、式（6-10）、式（6-11）所示：

$$ISAI_{it} = c + \rho WFECM_{it} + \beta_1 CMDI_{it} + \beta_2 GOV_{it} + \beta_3 UBL_{it} + \beta_4 HR_{it} + \varepsilon_{it} \qquad (6-9)$$

$$ISAI_{it} = c + \beta_1 FECM_{it} + \beta_2 GOV_{it} + \beta_3 UBL_{it} + \beta_4 HR_{it} + \lambda W \varepsilon_{it} + \varepsilon_{it} \qquad (6-10)$$

$$ISAI_{it} = c + \rho WISAI_{it} + \beta_1 FECM_{it} + \beta_2 GOV_{it} + \beta_3 UBL_{it} + \beta_4 HR_{it} + \lambda W \varepsilon_{it} + \varepsilon_{it}$$
$$(6-11)$$

式中，产业结构调整指数（Industrial Structure Adjustment Index，ISAI）为被解释变量，使用前文所得到的产业结构调整指数；资本市场融资效率（Financing Efficiency of Capital Market Index，FECM）为解释变量，为前文中得到的资本市场融资效率，在本书研究中将对此核心解释变量对产业结构调整的影响进行空间计量分析；与前文相同，政府规制水平（GOV）、城镇化水平指数（UBL）、人力资本（HR）依旧为控制变量；ρ 为空间滞后系数；W 为空间权重矩阵；λ 为空间误差系数；β 为解释变量系数；ε 为服从正态分布的随机误差项。

需要说明的是，这里与第五章相同，分别设置空间邻接权重矩阵和经济距离权重矩阵进行空间计量分析。在检验模型结果稳定性方面使用最大似然估计法进行估计。同时，为了去除量纲与降低异方差，本书对所有数据进行取对数操作。

二、数据来源与描述性统计

本章以 2004~2016 年中国大陆 30 个省级行政区域作为研究对象，产业结构调整指数、资本市场融资效率等被解释变量、核心解释变量数据来自本章前述的分析结果，其他控制变量以及经济距离权重的原始数据来自《中国统计年鉴》（2005~2017），空间数据来自国家地理信息系统网站。模型变量的描述性统计结果如表 6-18 所示。

表6-18　空间计量模型各个变量的描述性统计

相关指标	产业结构调整指数	资本市场融资效率指数	政府规制水平	城镇化水平	人力资本
平均值	0.4933	0.1733	1.0642	0.4578	988170

续表

相关指标	产业结构调整指数	资本市场融资效率指数	政府规制水平	城镇化水平	人力资本
标准差	0.4573	0.2106	1.65264	0.5107	83313
最小值	0.2735	0.0120	0.8984	0.2052	426
最大值	0.7262	0.9023	2.3930	0.7581	54343
变异系数	5.119	1.2149	1.9122	3.2364	0.8431
观察数	403	403	403	403	403

第三节　实证结果分析

第五章中利用全局莫兰指数（Moran's I）、局部莫兰指数散点图以及冷热点图证实了我国省域产业结构调整指数存在较强的空间相关性，这里将不再赘述。在模型选择中，本章依旧按前文的原则对所设定的模型进行拉格朗日乘数 LM 和 Wald 检验显示，空间误差模型的 LMERR 的 p 值不显著，空间滞后模型的拉格朗日乘数（LMLAG）的 p 值为 0.042，在 5% 的水平上显著，空间滞后模型较为合适。Wald 检验结果显示，空间杜宾模型的 Wald 统计量为 39.432，在 1% 的水平上显著，空间误差的 Wald 统计量为 6.173，并不显著。同时从以上三种空间面板模型的拟合优度来看，三者相近但空间滞后模型的 AIC 和 SC 值最小，LogL 值最大，表明空间滞后模型更加适合本章研究。本部分豪斯曼检验结果依旧与上章结论相同，即空间滞后模型更适合固定效应。

一、实证结果

使用 Stata15 计量软件得到的实证结果如表 6-19、表 6-20 所示。从调整后的 R^2 来看，空间邻接权重矩阵和经济距离权重矩阵的空间滞后模型的拟合优度均在 0.85~0.9，该拟合优度说明该模型能够较为准确地表达我国省域资本市场融资效率对产业结构调整的过程。

表6-19　资本市场融资效率对产业结构调整影响的 SLM 模型
估计结果（空间邻接权重矩阵）

变量	随机效应	时间固定效应	空间固定效应	时空双固定效应
Constant	0.007 （0.058）	—	—	—
FECM	0.037** （0.015）	0.034* （0.026）	0.039*** （0.015）	0.0439** （0.019）
GOV	−0.007 （0.002）	−0.013*** （0.013）	−0.007 （0.005）	−0.009** （0.005）
UBL	0.098** （0.045）	0.102*** （0.033）	0.009** （0.046）	0.008** （0.045）
HR	0.044*** （0.014）	0.008 （0.006）	0.067*** （0.0186）	0.026* （0.031）
ρ / λ	0.871*** （0.052）	0.061 （0.029）	0.809*** （0.052）	−0.014 （0.074）
Adj-R^2	0.8142	0.8167	0.9505	0.9026
Number of obs	403	403	403	403

注：*、**、*** 分别表示在 10%、5%、1% 水平下显著。

从空间相关系数上来看，空间邻接权重矩阵和经济距离权重矩阵的空间滞后模型的随机效应和空间固定效应均通过了 1% 的显著性检验，而时间效应和时空双固定效应的空间相关系数不显著，这一方面说明省域产业结构调整在随机效应和空间固定效应中存在显著的正向空间相关性，一个地区产业结构调整在一定程度上依赖其他与之有相似空间特征（邻接或是经济距离）地区的资本市场融资效率和产业结构调整；另一方面也说明省域产业结构调整在时间固定效应和时空双固定效应中没有显著空间相关性。在空间邻接权重矩阵中，模型空间固定效应的空间相关系数为 0.809 且通过 1% 的显著性水平检验，表明地理邻接关系对地区产业结构调整有正向影响。地理邻接不仅能够促进区域间产业、人员、资本的流动，实现资源要素的合理配置和共享，从而推动产业结构调整的空间集聚形成。在经济距离权重矩阵中，模型空间固定效应的空间相关系数为 0.906 且通过 1% 的显著性水平检验，这说明经济特征（GDP）相近的地区之间产业结构调整能够相互促进。此外经济距离权重矩阵的空间相关系数与地理邻接权重矩阵的空间相关系数值相差非常大，说明经济特征相对于地理区位因素对产业结构调整的空间相关影响更大，这在一定程度上也解释了产业结构调整的空间相关主要是由社会的经济特征引发并带动的。

表6-20 资本市场融资效率对产业结构调整影响的 SLM 模型
估计结果（经济距离权重矩阵）

变量	随机效应	时间固定效应	空间固定效应	时空双固定效应
Constant	0.131* （0.068）	—	—	—
FECM	0.047*** （0.018）	0.032** （0.020）	0.052*** （0.018）	0.046*** （0.053）
GOV	−0.010** （0.005）	−0.013*** （0.004）	−0.009* （0.005）	−0.009 （0.010）
UBL	0.105** （0.048）	0.102*** （0.024）	0.008** （0.047）	0.008** （0.045）
HR	0.051*** （0.016）	0.009 （0.006）	0.095*** （0.023）	0.025 （0.031）
ρ / λ	0.898*** （0.057）	−0.916 （0.071）	0.906*** （0.054）	−0.004 （0.075）
Adj-R^2	0.9007	0.9099	0.8548	0.9080
Number of obs	403	403	403	403

注：*、**、*** 分别表示在 10%、5%、1% 水平下显著。

从模型核心解释变量和控制变量系数的估计结果来看，空间固定效应中各个变量系数均通过了显著性检验，明显优于随机效应、时间固定效应、时空双固定效应等其他三项的估计结果。因此，在分析资本市场融资效率对产业结构调整的影响时可依据空间滞后模型的空间固定效应来展开。事实上，我国产业结构调整水平存在地区间差异，东部地区的产业结构调整水平明显高于西部地区，而空间固定效应恰能够揭示结构性差异，因而可以获得较为显著的结论。随机效应和时间固定效应的影响估计中，均假定地区之间具有相同的产业结构水平，未体现地区间产业结构调整的差异，势必导致结果偏差。通常来讲，时空双固定效应既考虑了地区差异又考虑了时间因素，应该能够得到更可信的估计结果，但是本章中时空双固定的估计结果只有核心解释变量通过显著性检验，而其他控制变量的估计结果均不显著，可能的原因是产业结构随时间进行调整可能会受到经济周期、突发事件等因素的影响，这种影响不仅对当期，还会对以后各期产生辐射与影响。

核心解释变量资本市场融资的系数为正，且通过了显著性检验，说明其对产业结构调整具有显著的正向促进作用，区域资本市场融资效率会带动产业结构调整，区域融资效率越高，产业结构调整越能得到优化。这一实证结果也证实了前述章节中所发现的某些年份融资效率下降而产业结构调整水平也出现下滑的结论。控制变量中，政府规制水平的空间溢出效应为负值且通过了显著性检验，这与当资本市场发展水平为核心解释变量时政府规制水平的系数为正的结果正好相反，可能的解释是当政府的干预影响到资本市场个体的融资效率时，不利于促进产业结构调整，而事实上尤其是近些年来政府对资本市场制度层面做出的调整造成了行业企业的融资效率的改变进而对产业结构调整带来影响。城镇化水平和人力资本均对产业结构调整具有显著的正向效应，这与当以资本市场发展水平为核心解释变量时城镇化水平和人力资本的结果均相同。

二、内生性讨论

对可能依旧存在的核心解释变量和被解释变量之间的内生性问题，这里同样构建空间滞后模型 SLM，分别设置空间邻接权重矩阵和经济距离权重矩阵，将核心解释变量 L.FECM（核心解释变量资本市场融资效率 FECM 的一阶滞后项）、控制变量 L.GOV（控制变量 GOV 的一阶滞后项）、L.UBL（控制变量 UBL 的一阶滞后项）和 L.HR（控制变量 HR 的一阶滞后项）带入空间面板模型进行回归分析，得到的估计结果如表 6-21 所示。

表 6-21　资本市场融资效率对产业结构调整影响的内生性处理估计结果

变量	SPLM（空间邻接权重矩阵）	SPLM（经济距离权重矩阵）
L.FECM	0.037*** （0.016）	0.051*** （0.028）

续表

变量	SPLM（空间邻接权重矩阵）	SPLM（经济距离权重矩阵）
L.GOV	−0.006 （0.005）	−0.009* （0.005）
L.UBL	−0.009** （0.046）	0.008** （0.057）
L.HR	0.068*** （0.0186）	0.093*** （0.023）
ρ/λ	0.823*** （0.042）	0.911*** （0.064）
Adj–R^2	0.8498	0.9048
Number of obs	403	403

注：*、**、***分别表示在10%、5%、1%水平下显著。

从空间相关系数来看，两种不同空间矩阵下的空间相关系数为正，显著性与前文中的空间面板模型的分析结果相同，大小也基本一致。这表明，在用资本市场融资效率的一阶滞后项对原核心解释变量进行替代后，空间效应依旧很显著，无论是邻接关系还是经济距离关系，资本市场融资效率对产业结构的影响均有一定的空间溢出效应。

从变量 L.FECM 的系数以及其他控制变量的系数来看，在两种不同空间权重矩阵下的 SPLM 模型中的估计结果依旧显著，且与前文中的空间面板模型的分析结果相似，这说明通过设置的资本市场融资效率的一阶滞后项来替代原核心解释变量后，依旧能够得到与前述空间面板模型近似的估计结果，即克服了内生性的影响后，资本市场融资效率促进产业结构的结论具有较好的稳健性。

第四节　本章小结

本章从资本市场融资效率的角度分析其对产业结构调整的影响。采用三阶段 SBM 模型、Malmquist 指数方法测算我国沪深主板、中小板、创业板等 1745 家企业的融资效率，从行业、产业以及时空等维度对资本市场融资效率进行深入分析。结果表明，剔除环境因素影响后各个产业的融资效率均有所改善，沪深主板市场的行业平均融资效率增长幅度高于中小板及创业板市场。第三产业的大部分行业在各个市场的融资效率较高，但年度间的波动受经济周期的影响比较剧烈；各个市场间的全要素融资效率是随时间变化呈现出同增同涨的态势，市场间的融资效率差距很小，以沪市和深市为代表的主板市场的总体表现好于中小板和创业板市场；地区间资本市场融资效率在剔除环境因素影响后改善明显，地区间融资效率的差异明显缩小；主板市场融资效率的增长幅度高于中小板市场，创业板融资效率地区间的差异在所有市场中最为明显。

构建空间计量模型，将资本市场融资效率作为核心解释变量考察其对产业结构调整的空间溢出效应，空间固定效应中各个变量系数的估计依旧优于随机效应、时间固定效应、时空双固定效应等其他三项的估计结果。核心解释变量资本市场融资效率的系数为正，且通过了显著性检验，说明其对产业结构调整具有显著的正向促进作用。控制变量中，城镇化水平和人力资本均对产业结构调整具有显著的正向效应，它们的提高会带动产业结构调整，政府规制水平的空间溢出效应为负值且通过显著性检验，说明当政府的干预影响到资本市场个体的融资效率时，不利于促进产业结构调整。同样采用资本市场融资效率（FECM）的滞后一期的数据进行替代，依旧可以得到空间滞后模型较为稳健的检验结果。

第七章　结论、政策建议及研究展望

第一节　研究结论

第一，中国产业结构总体呈现高级化演进趋势，第三产业逐渐成长为国民经济的主导产业，三次产业内部结构趋于优化，新产业、新动能不断涌现，产业结构调整使中国产业与全球价值链的融合更加明显，产业结构调整的结果国际化趋势明显。受区域发展政策影响，产业空间布局呈现明显的阶段性特征。已经形成包含场内市场和场外市场在内的多层次股权市场，资本市场在法律制度、监管、市场开放等基础制度方面取得重大突破。产业结构在供求因素、技术因素、资本因素、区位因素、政策因素等的共同驱动下不断进行调整，金融资本的配置结构对整个产业配置结构具有决定性意义。资本市场的产权界定功能为资源在产业间的有效配置提供了基本前提；资本市场的风险定价功能能够为产业结构升级提供基本导向；资本市场的流动性功能有助于促进产业组织结构的优化，实现产业结构的存量调整。资本市场通过甄别机制、匹配机制、耦合机制、激励约束机制影响产业结构调整，资本市场的成熟程度和开放程度是产业结构优化的必要实现条件。

第二，将产业结构调整的评价维度拓展为产业结构调整合理化、高级化、国际化、普惠性，并构建由 4 个维度、14 个指标组成的产业结构调整水平评价指标体系，综合运用层次分析法和熵权法进行评价指标权重的主客观赋权，在融入时间因素的基础上设计了一个能够反映区域产业结构整体发展水平的多变量综合评价方法，对收集到的 2004~2016 年的数据进行测算，得出近年来中国及省域产业结构调整指数，通过将该指数进行横向、纵向的比较得出以下结论：中国省域产业结构发展水平差异悬殊，但是呈现出省际差异逐年缩小的态势。另外，我们也可以发现 2004~2016 年中国省域产业结构指数呈现明显的"东部居高、中部居中、西部居低"的区域差异特征；在产业结构调整合理化、高级化、国际化、普惠性等维度上，不同省份间呈现较大的发展差异。

第三，市场化改革弱化了行政区划上的障碍，各个地区的产业结构和资本市场的发展在地理上存在空间依赖性（空间自相关）和溢出效应，所以从省域层面考察资本市场对产业结构调整的影响时，不能将各个省独立起来考察，而是须考虑省域间空间上的关联。资本市场发展水平与中国产业结构调整之间存在着空间正相关性，省域之间存在正的溢出效应；资本市场发展水平对产业结构调整具有显著的正向效应，资本市场的发展会带动产业结构调整，省域资本市场的发展通过空间地理机制对产业结构调整发挥了促进作用，周边省份资本市场的发展对本省产业结构的改善存在溢出效应，不过这种溢出效应或区域辐射效应还不明显。剔除环境因素影响后各个产业的融资效率均有所改善，沪深主板市场的行业平均融资效率增长幅度高于中小板及创业板市场。第三产业的大部分行业在各个市场的融资效率较高，但年度间的波动受经济周期的影响比较剧烈；各个市场间的全要素融资效率是随时间变化呈现出同增同涨的态势，市场间的融资效率差距很小，以沪市和深市为代表的主板市场的总体表现好于中小板和创业板市场；地区间资本市场融资效率在剔除环境因素影响后改善明显，地区间融资效率的差异明显缩小；主板市场融资效率的增长幅度高于中小板市场，创业板融资效率地区间的差异在所有市场中最为明显。省域间融资效率对产业结构的调整同样存在空间正相关性，相邻省份资本市场融资效率的改善会对本省产业结构调整产生溢出效应。

第二节　政策建议

从本书研究结论看，资本市场的发展推动了我国产业结构调整，未来中国资本市场应贯彻落实新发展理念、深化金融供给侧结构性改革；坚持市场化、法治化方向，完善资本市场基础制度；为实体经济发展和满足人民群众需要方面提供更高质量、更有效率的金融服务；因地制宜实现资本市场对区域经济产业结构调整的精准服务。具体政策建议如下：

第一，着力于服务经济的高质量发展。提质增效、创新驱动、绿色低碳、协调共享是经济高质量发展的内涵与维度。资本市场应围绕这四个维度，做好服务经济高质量发展工作。在服务提质增效方面，资本市场应以先进制造业、现代农业和高端服务业为主要服务对象，提升供给质量，提升投入产出比率和经济效益，解决我国产品、服务、管理质量不适应需求变化的短板。在服务创新驱动方面，资本市场应充分发挥融资、风险分散的功能，为做大做强新兴产业集群，加强新一代人工智能研发应用，推动集成电路、第五代移动通信、飞机发动机、新能源汽车、新材料等战略性新兴产业发展等方面提供资金交易平台和风险防范机制。在服务绿色低碳方面，资本市场可以通过其对产业结构调整的甄别和匹配机制有效化解过剩产能，淘汰落后产能和"僵尸企业"，为经济高质量发展做好减法。在服务协调共享方面，本书的研究结论表明区域资本市场发展极不均衡，资本市场发展对产业结构调整存在空间溢出效应，资本市场应充分利用各种区域协调战略，在加快东部优化、中部崛起和西部开发，积极打造京津冀、长三角和大湾区等三大世界级城市群等方面做出成效。将省域间资本市场对产业结构调整的空间效应纳入区域差距分析与政策制定过程中，各省域不仅要考虑到本地区政策对自身的影响，还要考虑到对邻近省域的影响，统筹协调各省之间的产业发展政策。逐步打破行政区划导致的省域割据局面，消除制度层面、资源流动层面等方面存在的体制障碍，加强省域之间的金融合作，保证省域之间的金融资源流动顺畅，从而能够充分发挥资本市场在省域之间的区域辐射作用，促进产业结构调整良性发展。

第二，着力于服务实体经济发展。实体经济在投资方面大规模、长周期的特点决定除了要投入大量的人力、物力外，还需要投入大量的资本助力。近年来，以民营经济为代表的我国实体经济遇到"市场的冰山、融资的高山、转型的火山"：外部环境不确定的冲击、产业结构调整引发的人力资本与生态资源约束，使原本就生命周期短、失败率高的民营经济脆弱性暴露得更加明显。资本市场首先应当满足实体经济的资金需求，通过深层次的市场发展夯实服务实体经济的根基。通过资本市场为实体经济尤其是中小微企业的发展提供科学、顺畅的融资和再融资渠道，紧紧围绕实体经济发展配置资源，发挥好在"巩固、增强、提升、畅通"中的重要作用。加大金融产品的研发力度，增加业务品种，实现资源的互联互通；谨慎推行金融衍生品，强化风险对冲意识，丰富金融工具种类。加快推广信贷资产 ABS 产品以及企业资产 ABS 产品以满足企业不同时期转型升级的异质性需求。活跃中小企业的股权融资行为，鼓励优质的中小型高新企业在二板市场上市，进一步拓宽境外融资渠道，逐步推进民企赴境外资本市场上市融资。鼓励优质上市公司通过多种方式扩大再融资规模，提高对外投资控股能力。鼓励有能力的上市企业通过资本市场进行并购重组，进而实现行业内的资源优化配置以及产业结构的优化升级，同时确保募集资金切实用于优化升级产业结构的项目。

第三，着力于完善市场制度建设。正确把握资本市场的本质，在市场制度建设方面花大气力，下苦功夫，推动资本市场供给侧结构性改革。①加快转变股票发行的审核制度，逐渐由核准制过渡到注册制。逐步推行注册制就是要发挥市场的主导作用，建立起市场主导、责任到位、披露为本、预测明确、监管有力的股票发行上市制度，这将更有利于提高中小企业的直接融资比，畅通民间资本的投资退出渠道，提升民间资本投资的信心，一切在市场机制的主导下，实现自主判断、自担风险，真正发挥市场在资源配置中的决定性作用。②建立合理完善的退出机制。有效的退出机制可以降低（甚至消除）借壳上市的"壳资源"价值，杜绝其恶意炒作，避免出现"格雷欣法则"。退市机制的改革旨在实现上市企业退市的合规化、市场化以及常态化，能够在最大程度上保护投资者利益。同时差异化的退市标准能够满足不同主体的退市需求。在设计退市机制时，要关注各类产业企业的特点、投资者的收益及风险要求，做出合理有效的退出安排，这将倒逼股票发行端的市场化改革，加速上市条件与准入门槛的松动，并对监管层提出新要求，有助于资本市场制度建设的完善。③渐进式推动资本市场开放。通过借助各种形式的外力提升资本市场对外开放的层次和水平。逐步提高沪港通和深港通资金额度的使用效率和 QFII、QDII、RQFII 额度，降低 AH 股溢价率，继续保证沪港通、深港通的平稳运行，打通中国内地与国际市场的估值体系。营造更加公平、安全、高效的跨境资本服务体系，吸引"一带一路"沿线企业挂牌上市，与沿线国家交易所开展产品互挂、技术支持等深度合作，为"一带一路"沿线国家提供资金融通服务。推动 ETF 纳入互联互通标的证券范围，加强交流和培训，深化跨境监管合作，鼓励跨境监管制度互鉴、互认，形成更加高效、更具国际认可度的监管体系。

第四，着力于构建多层次市场体系。目前，中国已经形成了主板、中小板、创业板以及区域股权交易市场组成的多层次资本市场，服务于科技创新的科创板也在紧锣密鼓的筹划中。科创板的设立能够有效弥补当前市场在服务科技创新中的体系短板，这种制度性的增量改革所带来的对上市企业盈利状况、股权结构等方面的差异性安排，能够加大对科技创新型企业的包容度和支持度，引导更多优质科技企业回归 A 股。在做大做强各个资本市场的同时也要打通不同市场间的转板机制，要借鉴海外成熟市场的发展经验，建立合理的升降级通道，充分用转板制度来联通协调各层次市场的有序发展。升级转板在满足条件后由企业自主决定，达不到持续上市标准的企业强制降级转板。支持上市公司根据自身战略需求，在保障投资者利益前提下主动降级转板。尝试构建低成本、高效率的"绿色转板通道"。可探索新三板企业在符合创业板上市条件后，直接转板至创业板；可设置相对宽松的条件，让已在海外市场上市的优秀企业通过"绿色通道"回归国内资本市场。要确立各级市场共同发展的基调，把握转板制度设计的松紧度。在转板条件、程序等方面的制度设计上，既不能人为干预太多、制度过严，导致转板效率低下；也不能过于宽松，使低层次市场变成高层次市场的附属板和过滤器，从而不利于低层次市场的可持续发展。创业板要借鉴美国 NASDAQ 的经验，避免企业盲目追求升板，帮助优秀上市企业成长为该板块的领军企业。

第三节　研究展望

第一，进一步丰富空间权重矩阵选择。空间权重矩阵用来衡量研究对象间的空间关联性，是空间计量模型的关键，也是省域间空间影响方式的体现。不同的空间权重矩阵可能对省域层面资本市场与产业结构调整的关系估计结果影响不同。由于研究时间和积累有限，本书的研究仅采用空间邻接权重矩阵和经济距离权重矩阵两种矩阵来分别刻画相邻之间空间单元以及非地理因素所带来的关联程度，这种静态空间权重矩阵没有考虑动态区域特征如人口迁徙、知识传播等也会对区域产业结构调整产生影响。因此，未来应继续拓展考察其他空间权重矩阵下（如反距离空间权重矩阵、引力模型空间权重矩阵、嵌套空间权重矩阵）省域层面资本市场对产业结构调整的影响，从而得到更加贴合实际的研究结果。

第二，克服空间计量中的内生性问题。针对资本市场发展水平、资本市场融资效率与产业结构调整之间存在交互影响产生的内生性问题，本书对核心解释变量分别采用资本市场发展水平滞后一期（L.CMDI）和资本市场融资效率滞后一期（L.FECM）的数据进行替代分析，试图解决本书研究中的内生性问题。然而，在普通面板模型中，工具变量以及广义矩估计 GMM被认为是用来克服传统极大似然估计方法在异方差和矩阵标准化方面的最佳方法。由于笔者学识所限，尚未将该方法应用于对空间面板模型的内生性处理中，未来将探索广义矩估计 GMM 法与空间面板模型的融合以更好地解决空间面板模型中解释变量和被解释变量之间的内生性问题。

参考文献

[1] Acemoglu D, Aghion P, Zilibotti F. Distance to Frontier, Selection, and Economic Growth [J] . Journal of the European Economic Association, 2006, 4（1）: 37-74.

[2] Acemoglu D, Guerrieri V. Capital Deepening and Nonbalanced Economic Growth [J] . Journal of Political Economiy, 2008（3）: 467-498.

[3] Aghion P, Hewitt P, Mayer-Folks. The Effect of Financial Development on Convergence: Theory and Evidence [J] . The Quarterly Journal of Economics, 2010, 120（2）: 173-222.

[4] Almeida H V, Wolfenzon D. A Theory of Pyramidal Ownership and Family Business Groups [J] . The Journal of Finance, 2006, 61（6）: 2637-2680.

[5] Amiti M. New Trade Theories and Industrial Location in the EU: A Survey of Evidence [J] . Oxford Review of Education, 1998, 14（2）: 45-53.

[6] Anselin L. Spatial Econometrics: Methods and Models. Studies in Operational Regional Science [M] . Dordrecht: Klwer Academic Plublishers, 1988.

[7] Antzoulatos A A, Thanopoulos J, Tsoumas C. Financial System Structure and Change 1986-2005—Evidence from the OECD Countries [J] . Journal of Economic Integration, 2008, 23（4）: 977-1001.

[8] Bagehot W. Lombard Street, Homewood, IL: Richard D [J] .

Irwin, 1962（1873）: 23-35.

[9] Baltagi B H. A Companion to the Oretical Econometrics [M]. Oxford: Blackwell Pulishing, 2001.

[10] Baumol W J. Macroeconomics of Unbalanced Growth: The Anatomy of Urban Crisis [J]. The American Economic Review, 1967, 57（3）: 415-426.

[11] Beck T, Demirguc-Kunt A, Levine R. SMEs, Growth, and Poverty: Cross-Country Evidence [J]. Journal of Economic Growth, 2004, 10（3）: 199-229.

[12] Beck T, Demirguc-Kunt A, Maksimovic V. Financial and Legal Constraints to Growth: Does Firm Size Matter? [J]. The Journal of Finance, 2005, 60（1）: 137-177.

[13] Beck T, Demirguc-Kunt A, Levine R. Bank Concentration, Competition, and Crises: First Results [J]. Journal of Banking and Finance, 2006b（30）: 1581-1603.

[14] Beck T, Demirguc-Kunt A, Levine R. Bank Supervision and Corruption in Lending [J]. Journal of Monetary Economics, 2006a（53）: 2131-2163.

[15] Bhide A. The Hidden Costs of Stock Market Liquidity [J]. Journal of Financial Economics, 1993（34）: 31-51.

[16] Binh K B, S Y Park, B S Shin. Financial Struture and Industrial Growth: A Direct Evidence from OECD Countries [R]. World Bank Working Paper, 2005.

[17] Carlota Perez. The Double Bubble at Turn of the Century: Technological Roots and Structural Implications [J]. Cambridge Journal of Economics, 2009, 33（4）: 779-805.

[18] Clark C. The Conditions of Economic Progess [M]. London: McGraw-Hill, 1940.

[19] Demurger S. Infrastructrure Development and Economic Growth: An Explanation for Regional Disparities in China [J]. Journal Comparative Economics, 2001, 29（1）: 95-117.

[20] Echevarria C. Changing Sectoral Composition Associated with Eco-

nomic Growth [J]. International Economic Review, 1997 (38): 341-452.

[21] Edward S Shaw. Financial Deepening in Economic Development [M]. Ny: Oxford University Press, 1973.

[22] Eisdorfer A, Giaccotto C, White R. Capital Structure, Executive Compensation, and Investment Eficiency [J]. Journal of Banking & Finance, 2013, 37 (2): 549-562.

[23] Fagerberg, Jan. Technological Progress, Structural Change and Productivity Growth: A Comparative Study [J]. Structural Change and Economic Dynamics, 2000 (11): 392-411.

[24] Farer, Grosskop S. Malmqusit Productivity Indexes and Fisher Ideal Indexes [J]. Economic Journal, 1992, 102 (410): 158-160.

[25] Fisher. The Clash of Progress and Security [M]. New York: Augustus M. Kelley, 1935.

[26] Fried H O. Accounting for Environmental Effects and Statistical Noise in Data Envelopment Analysis [J]. Journal of Productivity Analysis, 2002 (17): 157-174.

[27] Fritz Machlup. The Production and Distribution of Knowledge in the United States [M]. Princeton, N. J.: Princeton University Press, 1962.

[28] Fujita M, Krugman P, Venables A J. The Spatial Economy [M]. Cambridge: MIT Press, 1999: 61-78.

[29] Getis A, Mur J, Zoller H G. Spatial Econometrics and Spatial Statistics [M]. London: Palgrave Macmillan, 2004.

[30] Goldsmith R W.Financial Structure and Development [M]. New Haven: Yale University Press, 1969.

[31] Grant P Kabango, Alberto Paloni. Financial Liberalization and the Industrial Response: Concentration and Entry in Malawi [J]. World Development, 2011 (39): 1771-1783.

[32] Hanson G H. Market Potential, Increasing Return, and Geographic Concentration [Z]. NBER Working Paper, 1998.

[33] Hirschman A. The Strategy of Economic Development [M]. New Haven, CT: Yale University Press, 1958.

[34] Hsien T, Klenow J. Relative Prices and Relative Prosperity [J].

American Economic Review, 2007, 97（3）: 562-585.

［35］Humphrey J, Schmitz H. How does Insertion in Global Value Chains Affect Upgrading in Industrial Clusters?［J］. Regional Studies, 2002（36）: 1017-1027.

［36］Ilyina A, Samaniego R. Technology and Financial Development［J］. Journal of Money, Credit and Banking, 2011, 43（5）: 899-921.

［37］Imbs J, Wacziarg R.Stages of Diversification［J］. American Economic Review, 2003, 93（1）: 63-86.

［38］Inessa Love, Raymond Fisman . Financial Dependence and Growth Revisited［Z］. Working Paper, 2003.

［39］Jie W, Liang L, Yao C. DEA Game Cross –Efficiency Approach to Olympic Rankings［J］. Omega, 2009, 37（4）: 909-918.

［40］Joseph E Stiglitz. Information and Economic Efficiency［J］. Information Economics and Policy, 1994（6）: 77-88.

［41］Jyh-Lin Wu, Han Hou, Su-Yin Cheng. The Dynamic Impacts of Financial Institutions on Economic Growth: Evidence from the European Union［J］. Journal of Macroeconomics, 2010（32）: 879-891.

［42］Kaffash S, Marra M. Data Envelopment Analysis in Financial Services: A Citations Network Analysis of Banks, Insurance Companies and Money Market Funds［J］. Annals of Operations Research, 2016（253）: 138.

［43］Kalemli-Ozcan, Sebnem, Bent Sorensen, Oved Yosha. Risk Sharing and Industrial Specialization: Regional and International Evidence［J］. The American Economic Review, 2003, 93（3）.

［44］Kim S. Expansion of Markets and the Geographic Distribution of Economic Activities: The Trends in US Regional Manufacturing Structure［J］. Quarterly Journal of Economics, 1995（110）: 881-908.

［45］Krugman P. Increasing Returns and Economic Geography［J］. Journal of Political Economy, 1991（99）: 483-499.

［46］Kuznets S. Quantitative Aspects of the Economic Growth of Nations: Industrial Distribution of National Product and Labor Force［J］. Econ Dev Change, 1957（4）: 1-111.

［47］Lipsey R E.Home and Host-Country Effects of Foreign Direct Investment［A］// Challenges to Globalization：Analyzing the Economics ［M］. Chicago：University of Chicago Press，2004.

［48］Lucchese M. Innovation，Demand and Structural Change in Europe ［R］. University of Urbino Carlo Bo，Department of Economics，Society Politics-Scientific Committee-L. Stefanini G. Travaglini，2011.

［49］Malmouist S. Index Numbers and Indifference Surfaces［J］. Trabajos De Estadistica，1953，4（2）：209-242.

［50］Marc U Porat. The Information Economy［M］. Washington：U.S. Government Printing Office，1977.

［51］Marco Darin，Thomas Hellmann. Banks as Catalysts for Industrialization［J］. Journal of Financial Intermediation，2002（10）：366-397.

［52］Marshall A. Principles of Economics［M］. London：Macmillan Press，1920：234-238.

［53］Martin Zagler. Economic Growth，Structural Change，and Search Unemployment［J］. Journal of Economics，2009（96）：163.

［54］Maskus K E，Neumann R，Seidel T. How National and International Financial Development Affect Industrial R&D［J］. European Economic Review，2012，56（1）：72-83.

［55］Matsuyama K. Agricultural Productivity，Comparative Advantage，and Economic Growth［J］. Journal of Economic Theory，1992，58（2）：317-334.

［56］Modigliani F，M H Miller. The Cost of Capital，Corporation Finance and the Theory of Investment［J］. American Economic Review，1958，48（3）：261297.

［57］Moshe Syrquin，Hollis Chenery. Three Decades of Industrialization［J］. The World Bank Economic Review，1989（3）：145-181.

［58］Ngai L R，Pissarides A. Structural Change in a Multisector Model of Growth［J］. American Economic Review，2007，97（1）：429-443.

［59］Ohlin B. Some Notes on the Stockholm Theory of Savings and Investments［J］. Economic Journal，1937，47（186）：221-240.

［60］Rajan R G，Zingales L. Financial Dependence and Growth［J］.

American Economic Review, 1998: 559-586.

[61] Ronald I. McKinnon.Money and Capital in Economic Development [M] . Washington, D. C.: Brookings Institution, 1973a.

[62] Rostow W W. The Stages of Economic Growth: A Non-Communist Manifesto [M] . Cambridge UK: Cambridge University Press, 1960.

[63] Saaty T L. The Modern Science of Multicriteria Decision Making and Its Practical Applications: The AHP/ANP Approach [J] . Operations Research, 2013, 61 (5) : 1101-1118.

[64] Schumpeter J A, Nichol A J. Robinson's Economics of Imperfect Competition [J] . Journal of Political Economy, 1934, 42 (2) : 249-259.

[65] Schumpeter J A.Theorie der wirtschaftlichen Entwicklung [M] . Duncker & Humblot, 1912.

[66] Singh, Ajit. Financial Liberalization, Stock Markets and Economic Development [J] . The Economic Journal, 1997 (107) : 771-782.

[67] Stiglitz, Weiss. Credit Rationing in Markets with Imperfect Information [J] . The American Economic Review, 1981, 6 (3) : 393-410.

[68] Tetsushi Sonobe, Keijirob Otsuka. A New Decomposition Approach to Growth Accounting: Derivation of the Formula and Its Application Toprewar Japan [J] . Japan and the World Economy, 2001 (13) : 114.

[69] Theil, Henri. Economics and Information Theory [M] . Amsterdam: North-Holland Pub. Co., 1967.

[70] Tone K. A Slacks Based Measure of Efficiency in Data Envelopment Analysis [J] . European Journal of Operational Research, 2001, 130 (3) : 498-509.

[71] Varum A, Cibrão B, Morgado A R&D, Structural Change and Productivity: The Role of High and Medium-High Technology Industries [J] . Economic Aplicada, 2009, 13 (4) : 399-424.

[72] Venables A J. Localization of Industry and Trade Performance [J] . Oxford Review of Education, 1996, 12 (3) : 52-60.

[73] Wurgler J. Financial Markets and the Allocation of Capital [J] . Journal of Financial Econormic, 2000 (58) : 187-214.

[74] Yi M, Zhang J. Structural Change in an Open Economy [R] .

Federal Reserve Bank of Minneapolis Research Department Staff Report，2011.

［75］2017年国民经济行业分类注释（GB/T 4754—2017）（网络版）［Z］.国家统计局，2017.

［76］安苑，宋凌云.财政结构性调整如何影响产业结构?［J］.财经研究，2016，42（2）：108-120.

［77］安苑，王珺.财政行为波动影响产业结构升级了吗? —— 基于产业技术复杂度的考察［J］.管理世界，2012（9）：187.

［78］白钦先，高霞.日本产业结构变迁与金融支持政策分析［J］.现代日本经济，2015（2）：111.

［79］蔡红艳，阎庆民.产业结构调整与金融发展 —— 来自中国的跨行业调查研究［J］.管理世界，2004（10）：79-84.

［80］蔡火娣.基于传统DEA与SBM模型的二氧化碳排放效率测度［J］.统计与决策，2016（18）：130-135.

［81］曾繁清，叶德珠.金融体系与产业结构的耦合协调度分析 —— 基于新结构经济学视角［J］.经济评论，2017（3）：134-147.

［82］曾康霖.银行不良资产发生和化解的学理分析［J］.征信，2016（8）：18.

［83］茶洪旺，左鹏飞.信息化对中国产业结构升级影响分析 —— 基于省级面板数据的空间计量研究［J］.经济评论，2017（1）：80-89.

［84］常亮，连玉君，安苑.银行授信影响了企业的现金持有管理行为吗? —— 基于动态面板门限模型的实证［J］.金融经济学研究，2014，29（6）：64-74.

［85］陈菲琼，孟巧爽，李飞.产业投资基金对产业结构调整的影响路径研究［J］.科学学研究，2015（4）：522-529.

［86］陈峰.论产业结构调整中金融的作用［J］.金融研究，1996（11）：23-27.

［87］陈刚，詹正茂，廉晓红.中国资本市场的区域差异研究［J］.中国软科学，2003（9）：118-122.

［88］陈静，叶文振.产业结构优化水平的度量及其影响因素分析 —— 兼论福建产业结构优化的战略选择［J］.中共福建省委党校学报，2003（1）：44-49.

［89］陈强.高级计量经济学及Stata应用（第二版）［M］.北京：高等

教育出版社，2013.

［90］陈文新，王帅，张小林.资本市场融资对产业结构升级影响的实证研究 —— 基于新疆上市公司的经济数据［J］.科技管理研究，2015，35（11）：121-126.

［91］陈晓涛.产业结构软化的演进分析［J］.科学学与科学技术管理，2006（1）：145-147.

［92］谌丽，石敏俊，郑丹.高速铁路对我国城市经济增长的影响［J］.北京联合大学学报，2017，31（2）：77-84.

［93］程如轩，卢二坡.产业结构优化升级：统计指标体系初探［J］.中国统计，2001（7）：2.

［94］程翔，王曼怡，田昕.中国金融发展水平的空间动态差异与影响因素［J］.金融论坛，2018，23（8）：43-54.

［95］程忠.产业结构及其变动对金融结构的影响研究［D］.济南：山东大学，2018.

［96］赤松要.我国产业发展的雁行形态 —— 以机械仪表工业为例［J］.一桥论丛，1935（36）：5.

［97］大川一司.经济発展と日本の経験［M］.东京：大明堂出版社，1963.

［98］董万好，刘兰娟.财政科教支出对就业及产业结构调整的影响 —— 基于CGE模拟分析［J］.上海经济研究，2012，24（2）：41-52.

［99］杜稳灵，赵洁琼，李亚娟.基于行业性企业结构调整的绩效评价指标体系研究［J］.企业经济，2006（7）：111-113.

［100］范方志，张立军.中国地区金融结构转变与产业结构升级研究［J］.金融研究，2003（11）：36-48.

［101］冯磊.我国股票市场与经济增长关系的实证研究［J］.北京证券，2001（4）：35-38.

［102］付海艳.金融结构与产业成长：互动机制和未来方向［J］.中南财经政法大学学报，2016（5）：15-20，158.

［103］高静文.金融发展促进东北地区产业结构调整内在机制研究［J］.现代财经（天津财经学院学报），2005（7）：22-25.

［104］宫崎勇.世界经济美国经济日本经济［J］.管理世界，1987（6）：6.

［105］郭琪.产业结构调整中的政策效应：财政诱导与金融跟进［J］.广东金融学院学报，2011，26（6）：40-49.

［106］郭小东，刘长生，简玉峰.政府支出规模、要素积累与产业结构效应［J］.南方经济，2009（3）：51-61.

［107］郭旭红，李玄煜.新常态下我国产业结构调整升级研究［J］.华东经济管理，2016（1）：49-54.

［108］郭晖，赖章福.政策调控下的区域产业结构调整［J］.中国工业经济，2011（4）：74-83.

［109］郭晖，赖章福.货币政策与财政政策的区域产业结构调整效应比较［J］.经济学家，2010（5）：67-74.

［110］郭元晞.对资本市场的再认识［J］.社会科学研究，2003（5）：32-35.

［111］国家统计局.2017年国民经济行业分类与代码［M］.北京：中国质检出版社，2017.

［112］国家统计局.2018年国民经济和社会发展统计公报［R］.2018.

［113］国建业，唐龙生.促进产业结构调整的财政政策取向［J］.财经论丛（浙江财经学院学报），2001（3）：28-32.

［114］韩丹.我国股市融资的行业选择与产业增长研究 —— 基于面板数据模型的研究［J］.经济问题，2008（6）：33-35.

［115］何晖，钟玲.中国的产业结构调整和多元化：基于人口普查数据的研究［J］.科技管理研究，2015，35（12）：133-139.

［116］何天祥，李明生.信息熵的城市群产业结构高级化评价模型 —— 以长株潭"3+5"城市群为例［J］.求索，2012（1）：29-30，78.

［117］和军.中国特色社会主义政治经济学的理论与实践创新［J］.学术界，2018（2）：69-82.

［118］胡昌铸.产业结构分析评价指标体系的建立和应用［J］.当代经济学，1989（5）：42-49.

［119］胡荣才，黄晓璐，陈黎明.金融服务业发展对产业结构优化的动态影响 —— 以湖南省为例［J］.财经理论与实践，2012，33（6）：22-26.

［120］黄海标，李军.产业结构优化升级评价指标体系构建［J］.商业时代，2008（3）：81-82.

［121］黄亚捷.城镇化水平对产业结构调整影响研究［J］.广东社会科

学，2015（6）：22-29.

［122］惠晓峰，沈静.东北三省金融发展与产业结构升级关系的实证研究与比较［J］.哈尔滨工业大学学报（社会科学版），2006（2）：87-91.

［123］霍夫曼.工业化的阶段和类型［M］.北京：中国对外翻译出版社，1980.

［124］霍利斯·钱纳里，莫伊思·赛尔昆.发展的型式1950-1970［M］.李新华，等译.北京：经济科学出版社，1988.

［125］姜艾佳，张卫国.包容性发展中产业结构指标体系构建与实证研究——基于重庆的案例分析［J］.人民论坛，2014（29）：219-221.

［126］姜东.财政金融支持资源型城市产业结构调整效率研究——基于推进供给侧结构性改革的视角［J］.金融理论与实践，2018（6）：78-83.

［127］姜彦福，林盛，张卫.我国产业结构及其变动因素分析［J］.清华大学学报（哲学社会科学版），1998（3）：47-51.

［128］靖学青.产业结构高级化与经济增长对长三角地区的实证分析［J］.南通大学学报，2005（5）：5.

［129］凯恩斯.就业、利息和货币通论［M］.北京：南海出版社，2010.

［130］蓝庆新，田尧舜.发达国家城镇化经验及对我国的启示［J］.现代产业经济，2013（11）：66-72.

［131］雷怀英.产业结构竞争力的测度指标体系研究［J］.经济问题，2009（11）：2930，38.

［132］李博，胡进.中国产业结构优化升级的测度和比较分析［J］.管理科学，2008，21（2）：86-93.

［133］李刚，程砚秋，董霖哲.基尼系数客观赋权方法研究［J］.管理评论，2014，26（1）：12-22.

［134］李刚，迟国泰，程砚秋.基于熵权TOPSIS法的人的全面发展评价模型及实证［J］.系统工程学报，2011，26（3）：400-407.

［135］李刚，李建平，孙晓蕾，赵萌.主客观权重的组合方式及其合理性研究［J］.管理评论，2017（12）：17-26，61.

［136］李国旺，童威，周侃.资本市场发展与中国经济增长［J］.资本市场，2004（2）：22-32.

［137］李建伟.普惠金融发展与城乡收入分配问题研究［D］.北京：首都经济贸易大学，2017.

［138］李建伟.普惠金融发展与城乡收入分配失衡调整 —— 基于空间计量模型的实证研究［J］.国际金融研究，2017（10）：14-23.

［139］李婧，谭清美，白俊红.中国区域创新生产的空间计量分析 —— 基于静态与动态空间面板模型的实证研究［J］.管理世界，2010（7）：43-55.

［140］李丽.我国区域产业结构调整的投融资环境评价［J］.统计与决策，2009（20）：74-76.

［141］李林，丁艺，刘志华.金融集聚对区域经济增长溢出作用的空间计量分析［J］.金融研究，2011（5）：113-123.

［142］李文艳，吴书胜.金融发展与产业结构升级 —— 基于经济危机视角的实证研究［J］.金融论坛，2016，21（3）：18-29.

［143］李西江.金融结构对产业结构升级的影响研究［D］.天津：天津财经大学，2015.

［144］李子伦.产业结构升级含义及指数构建研究 —— 基于因子分析法的国际比较［J］.当代经济科学，2014（1）：89-98，127.

［145］梁树广.产业结构升级影响因素作用机理研究［J］.商业研究，2014（7）：26-33.

［146］林亚楠.地方财政保护对区域产业结构差异的影响及政策建议［J］.统计与决策，2010（15）：156-158.

［147］林毅夫.发展战略、自生能力和经济收敛［J］.经济学（季刊），2002（1）：269-300.

［148］刘克逸.发挥资本市场功能，促进我国产业结构升级［J］.贵州工业大学学报（社会科学版），2001（4）：17-20.

［149］刘力昌，冯根福，张道宏，等.基于DEA的上市公司股权融资效率评价［J］.系统工程，2004，22（1）：55-59.

［150］刘满凤，李圣宏.基于三阶段 DEA 模型的我国高新技术开发区创新效率研究［J］.管理评论，2016，28（1）：42-52.

［151］刘淑茹.产业结构合理化评价指标体系构建研究［J］.科技管理研究，2011（5）：66-69.

［152］刘伟，王汝芳.中国资本市场效率实证分析 —— 直接融资与间

接融资效率比较［J］.金融研究，2006（1）：64-73.

［153］刘伟，张辉，黄泽华.中国产业结构高度与工业化进程和地区差异的考察［J］.经济学动态，2008（11）：48.

［154］刘云，杨湘浩.中国高技术产业的区域研发效率——基于省级面板数据的实证分析［J］.中国管理科学，2012（S2）：653-658.

［155］鲁倩，贾良定.多元化测量方法的内涵和理论视角：对内容效度的考查［J］.南大商学评论，2007（4）：103-115.

［156］陆蓉，何婧，崔晓蕾.资本市场错误定价与产业结构调整［J］.经济研究，2017，52（11）：104-118.

［157］罗登跃.三阶段DEA模型管理无效率估计注记［J］.统计研究，2012，29（4）：104-107.

［158］罗美娟.证券融资中的产业选择［J］.经济管理，2001（16）：56-61.

［159］罗斯托.从起飞进入持续增长的经济学［M］.贺力平等译.成都：四川人民出版社，1988.

［160］吕洁华，张洪瑞，张滨，黎雪.林业产业结构有序度测算与优化［J］.福建林业科技，2016，43（2）：242-246.

［161］马克思，恩格斯.马克思恩格斯全集（第25卷）［M］.北京：人民出版社，1998：740-748.

［162］马克思.剩余价值理论（第一分册）［M］.北京：人民出版社，1976.

［163］马克思.资本论（第一卷）［M］.北京：人民出版社，2004：365-367.

［164］马涛，李鹏雁，马文东.新型工业化的区域产业结构优化升级测度指标体系研究［J］.燕山大学学报，2004（3）：273-278.

［165］马正兵.中国经济增长中的信贷结构与效率实证分析［J］.河北经贸大学学报，2004（6）：39-43.

［166］马智利，周翔宇.中国金融发展与产业结构升级关系的实证研究［J］.上海金融，2008（2）：18-21.

［167］迈克尔·波特.国家竞争优势［M］.李明轩，邱如美，译.北京：华夏出版社，2002.

［168］米建国，李建伟.我国金融发展与经济增长关系的理论思考与实

证分析［J］.管理世界，2002（4）：23-30，36.

［169］倪明明.中国金融结构调整与产业结构优化研究［D］.西安：西北大学，2015.

［170］潘文卿，陈水源.产业结构高级化与合理化水平的定量测算 —— 兼评甘肃产业结构优化程度［J］.开发研究，1994（1）：3.

［171］任英华，姚莉媛.金融集聚核心能力评价指标体系与模糊综合评价研究［J］.统计与决策，2010（11）：32-34.

［172］尚晓贺，陶江.财政科技支出、银行信贷与产业结构转型［J］.现代财经（天津财经大学学报），2015（12）：99-110.

［173］石阳，刘瑞明，王满仓.上市公司随意停牌与投资者利益 —— 来自中国资本市场的证据［J］.经济研究，2019（1）：36-51.

［174］宋大勇.国际直接投资与区域产业结构升级 —— 基于省级区域面板数据的实证研究［J］.经济体制改革，2008（3）：149-153.

［175］宋国宇，刘文宗.产业结构优化的经济学分析及测度指标体系研究［J］.科技和产业，2005（7）：40，69.

［176］宋锦剑.论产业结构优化升级的测度问题［J］.当代经济科学，2000（3）：92-97.

［177］苏勇，杨小玲.资本市场与产业结构优化升级关系探讨［J］.上海财经大学学报，2010，12（2）：90-97.

［178］孙晶，李涵硕.金融集聚与产业结构升级 —— 来自2003~2007年省际经济数据的实证分析［J］.经济学家，2012（3）：80-86.

［179］孙莉娜.对产融结合的理解与认识［J］.金融与经济，2002（6）：12-14.

［180］孙晓华，刘小玲，翟钰.地区产业结构优度的测算及应用［J］.统计研究，2017，34（12）：48-62.

［181］孙志红，王亚青.“新常态”背景下我国产业结构与金融结构联动性研究［J］.中国农业资源与区划，2016，37（3）：47-54.

［182］谈儒勇.中国金融发展和经济增长关系的实证研究［J］.经济研究，1999（10）：53-61.

［183］唐松，李镖，祝佳.区域产业结构升级与公共财政支持［J］.财政研究，2010（10）：15-16.

［184］唐宵，李勇军，王美强，梁樑.一种DEA效率概率占优方法研究

［J］.系统工程理论与实践，2016，36（10）：2641-2647.

［185］田金方，王冬冬，陶虎.资本市场融资效率的行业检验 —— 来自中国上市公司的经验证据［J］.商业经济与管理，2017（3）：51-61.

［186］王良健，钟春平，范阳东.确立新世纪湖南"西线"经济优先发展带的思考［J］.湖南社会科学，2001（4）：63-66.

［187］王林生，梅洪常.产业结构合理化评价体系研究［J］.工业技术经济，2008（4）：77-83.

［188］王琼，耿成轩.江苏省战略性新兴产业上市公司融资效率研究 —— 基于2009~2014年面板数据［J］.华东经济管理，2016，30（7）：14-20.

［189］王守坤.空间计量模型中权重矩阵的类型与选择［J］.经济数学，2013，30（3）：57-63.

［190］王晓玲.东北城市转型评价指标体系研究［J］.城市，2016（5）：21-28.

［191］王新霞，冯雷.证券市场融资的产业升级效应研究［J］.西安交通大学学报（社会科学版），2012，32（4）：41-45.

［192］王秀贞，丁慧平，胡毅.基于DEA方法的我国中小企业融资效率评价［J］.系统工程理论与实践，2017，37（4）：865-874.

［193］威廉·配第.政治算术［M］.马妍，译.北京：中国社会科学出版社，2010.

［194］伍海华，张旭.经济增长产业结构金融发展［J］.经济理论与经济管理，2001（5）：11-16.

［195］筱原三代平.产业结构论［M］.北京：中国人民大学出版社，1990.

［196］徐凯.我国新三板市场挂牌企业融资效率分析［J］.新金融，2018（4）：50-56.

［197］薛黎明，龚爽，崔超群，佘永明，黄瑜，孔令斯.主客观权重相结合的湖南省矿产资源可持力综合评价［J］.中国矿业，2015，24（9）：44-49.

［198］严武，王辉.中国资本市场与产业结构升级关系的实证研究 —— 基于协整检验和灰色关联分析法［J］.江西财经大学学报，2012（2）：17-25.

［199］杨德勇，董左卉子.资本市场发展与我国产业结构升级研究

［J］.中央财经大学学报，2007（5）：45-50.

　　［200］杨飞虎，晏朝飞，熊毅.政府投资、人力资本提升与产业结构升级 —— 基于面板VAR模型的实证分析［J］.经济问题探索，2016（12）：18-25.

　　［201］杨钧.新疆城市公共交通、义务教育和公立医疗服务质量满意度测评及对策建议［A］// 第十四届中国标准化论坛论文集［C］.北京：中国标准化协会，2017.

　　［202］杨小玲.中国金融发展的产业结构优化效应研究［J］.区域金融研究，2009（7）：30-34.

　　［203］姚华，宋建.中国金融发展与产业结构升级协整关系的多指标交叉检验［J］.湖南大学学报（社会科学版），2016，30（1）：76-82.

　　［204］叶耀明，纪翠玲.长三角城市群金融发展对产业结构变动的影响［J］.上海金融，2004（6）：10-12.

　　［205］于斌斌.产业结构调整与生产率提升的经济增长效应 —— 基于中国城市动态空间面板模型的分析［J］.中国工业经济，2015（12）：83-98.

　　［206］于力，胡燕京.财政支出对我国产业结构升级的影响 —— 基于1978~2006年省级面板数据的实证分析［J］.青岛大学学报（自然科学版），2011（4）：95-100.

　　［207］俞乔.市场有效、周期异常与股价波动 —— 对上海、深圳股票市场的实证分析［J］.经济研究，1994（9）：43-50.

　　［208］俞肖云.“十五”期间工业产业结构影响因素分析与测算［J］.统计研究，2002（2）：8-15.

　　［209］袁卫东.产业结构理论及厦门地区对接台湾产业转移问题分析［D］.厦门：厦门大学，2007.

　　［210］原毅军，谢荣辉.环境规制的产业结构调整效应研究 —— 基于中国省际面板数据的实证检验［J］.中国工业经济，2014（8）：57-69.

　　［211］苑泽明，金宇，王天培.上市公司无形资产评价指数研究 —— 基于创业板上市公司的实证检验［J］.会计研究，2015（5）：72-79，95.

　　［212］詹姆斯·范霍恩，约翰·瓦霍维奇.现代企业财务管理［M］.郭浩，徐琳，译.北京：经济科学出版社，1998.

　　［213］战炤磊.人力资源与产业结构耦合互动的绩效及影响因素研究

［J］. 吉林大学社会科学学报，2018，58（4）：87-96，205.

［214］张翠菊，张宗益. 中国省域产业结构升级影响因素的空间计量分析［J］. 统计研究，2015，32（10）：32-37.

［215］张海星，靳伟凤. 地方政府投资与税收对产业结构趋同化的影响［J］. 东北财经大学学报，2014（5）：43-48.

［216］张继国，Vijay P Singh. 信息熵——理论与应用［M］. 北京：中国水利水电出版社，2012.

［217］张建华，王慧丽. 劳动异质情况下的产业结构偏离及其影响因素分析——基于2006~2013年全国产业行业数据［J］. 工业技术经济，2016，35（1）：154-160.

［218］张丽拉. 试述广东产业结构调整的金融支持［J］. 学术研究，2000（1）：53-55.

［219］张梅. 中国金融发展的产业升级效应研究［D］. 上海：复旦大学，2006.

［220］张佩，马弘. 借贷约束与资源错配——来自中国的经验证据［J］. 清华大学学报（自然科学版），2012，52（9）：1303-1308.

［221］张同斌，高铁梅. 财税政策激励、高新技术产业发展与产业结构调整［J］. 经济研究，2012（5）：58-70.

［222］张卫东，赵士红，龙海霞，刘美茹. 基于SBM方法和全要素生产率分解的经济增长效率——以四川省为例［J］. 财经科学，2015（8）：100-111.

［223］张旭，伍海华. 论产业结构调整中的金融因素——机制、模式与政策选择［J］. 当代财经，2002（1）：52-56.

［224］赵婉好，王立国. 中国产业结构转型升级与金融支持政策——基于美国和德国的经验借鉴［J］. 财经问题研究，2016（3）：35-41.

［225］赵志君. 金融资产总量、结构与经济增长［J］. 管理世界，2000（3）：126-136，149.

［226］周昌林，魏建良. 产业结构水平测度模型与实证分析——以上海、深圳、宁波为例［J］. 上海经济研究，2007（6）：15-21.

［227］周冯琦. 世界城市纽约对上海新一轮发展的启示［J］. 世界经济研究，2003（7）：28-33.

［228］周婕. 探讨河北省农村产业结构调整中的金融体制优化策略

［J］.中国农业资源与区划，2017，38（1）：162-167.

［229］朱煜明，闫文琪，郭鹏.基于实证方法的航空产业升级效果评价指标体系构建研究［J］.运筹管理，2018（2）：94-105.

后　记

　　本书是我攻读博士学位期间学术工作成果的体现。此时回想，在短短人生中的十年去遥望、跋涉，最终翻过一座大山时，内心充满无限感慨：

　　将最崇高的敬意献给我的恩师王曼怡教授。她对学科前沿的敏锐洞察力为我的漫漫博士求学之路指明了研究方向，她广博深厚的学术积累和精益求精的学术作风引领我走向学术殿堂，王老师从容、乐观、豁达的人格魅力和立德树人的治学风范将影响和感召着我走向未来的教学科研之路。博士求学期间也一直承蒙各位良师指引，感谢尹志超教授、高杰英教授、谢太峰教授等在课堂内外的教诲，对于老师们在学业中给予的无私帮助和点拨，寥寥数语无以表达感激之情。

　　我还要把无限的感激献给我的良师益友——北京联合大学的鲍新中教授、张峰教授、徐鲲教授，是你们托举着我、鼓励着我克服一个个困难，谢谢你们一路的陪伴。感谢我的同学李建伟、王建梅、朱智强，六年来的同窗之谊收获的不仅是学术上的灵感还有生活中的相互鼓舞。此外，还要衷心感谢经济管理出版社胡茜女士在本书编辑出版过程中的辛勤付出。

　　我的家人永远是我的港湾：感念我的母亲，这本书是我对天堂中的母亲最深切的呼唤，在那无数个挑灯夜战的夜晚，每每凝望星空，我知道天上那颗亮亮的星星就是母亲慈爱和关切的目光，它永远都不会移开我片刻。即使是天人永隔，它也会像明灯一样照亮着我前进的道路。感恩我的父亲，尽管年迈体弱，可他仍悉心照顾着全家，默默奉献，免除了我的后顾之忧。感谢我的女儿，这些年她从幼儿园的稚童长成了亭亭玉立的少年，或许她的成长路上少了些母亲的陪伴，但愿我的读博经历能让她理解关于奋斗与拼搏的意义。

当生命的列车呼啸着冲出隧道扎向光明的时候，应该致敬的是那无数个在黑暗里呜咽却从未停下的脚步。

程翔

2022 年 10 月于北京